DAS HSV-MUTMACHBUCH

Frank-Peter Hansen

DAS HSV-MUTMACH-BUCH

34 Gründe, warum es mit dem HSV wieder bergauf geht

SCHWARZKOPF & SCHWARZKOPF

INHALT

In Memoriam Ernst Hansen

*

Meiner Tochter Leonie, in Liebe

0.

REQUIEM

Und ist man hingefallen,
Dann sagt man »nicht mit mir«!
Dann zeigt man seine Krallen,
Und kämpft, grad wie ein Stier!

Moin moin, Fans, moin moin, Ultras aus der Nordkurve, ich bin wieder da. Euer Freund Willi Michel, alias Frank-Peter Hansen. Wenn ich über meinen Verein nachzudenken beginne, wird aus dem einen der andere. Kann ich nichts gegen machen. Hat was von Schizophrenie. Doktor Jekyll und Mister Hyde. Wer wer ist, das ist wohl keine Frage. Mein besseres HSV-Ich tritt an die Stelle dessen, der ich im Alltagsleben bin. Wie bereits in dem Vorgänger-Schmöker von diesem hier. Ihr kennt das Buch? Bingo! *Versenkt. HSV-Momente*, so lautet der Titel. Ich hoffe, ihr hattet alle was zu lachen, als ihr es euch mit dem Muntermacher auf der Couch und ein, zwei Pils bequem gemacht habt.

Also, der Abstieg. Der worst case ist nun doch eingetreten. Der Super-GAU, mit dem alle gerechnet haben. Seit Wochen schon. Auch wenn man mental und seelisch nicht darauf vorbereitet war. Wie auch, wenn das Herz für den Traditionsverein schlägt, solange man zurückdenken kann. Bis zur allerletzten Minute der Nachspielzeit des letzten Spieltages wollten wir es nicht wahrhaben. Weil wir alle auf ein Wunder gehofft haben. Dass die Geißbockelf das Spiel in Wolfsburg doch noch rumreißt, und als Sieger den Platz verlässt. Das Unmögliche ist nicht möglich, geschweige denn wirklich geworden.

Deswegen: Es hilft ja alles nichts. Den Mund abgeputzt und einmal hingerotzt. Ihr und ich, wir müssen uns der bitteren Wahrheit stellen. Unser Club, der Traditionsverein mit der Raute, ist in der nächsten Spielzeit nur noch zweitklassig. Nicht, dass ihr mich falsch versteht. Ich will nicht für schlechte Laune sorgen. Oder Untergangsstimmung verbreiten. – Nein, ich will euch und mir Hoffnung machen, dass es mit unserem Verein ganz schnell wieder bergauf geht. Am Ende der nächsten Zweitligasaison sind wir alle, also der Verein und sein Anhang, wieder obenauf. Das eine Mal 2. Liga war das letzte Mal! Nächstes Frühjahr ist unser Verein wieder erstklassig. Wie es sein soll. Dann wird, ist versprochen, der Ex-Dino ein Exex-Dino gewesen sein. Klingt ein wenig seltsam. Also noch einmal anders gesagt: Der Dino ist, dem müssen wir uns stellen, Geschichte. Aber, was uns tröstet, keiner nimmt uns den Titel, über ein halbes Jahrhundert lang der Dino der Liga gewesen zu sein. Was man einmal gewesen ist, das bleibt man auch. Für immer.

Ich gehe mal davon aus, dass selbst die Werderaner Fans inzwischen begriffen haben, was ihnen alles in der nächsten Saison abgehen wird. Das Nordderby. Die fest eingeplanten sechs Punkte. Ein Angstgegner weniger. Kleiner Scherz. War ja eher andersherum. All die Jahrzehnte. Mit einem Wort: Am Ende der nächsten Saison treten die Grün-Weißen den Weg in die

2. Liga an. Weil ihnen exakt diese sechs Zähler auf der Habenseite fehlen werden. Ich freu mich schon auf die Shakehands, wenn die von unten mit denen von oben auf halbem Weg zusammentreffen. Um winke, winke zu machen. Vorfreude kann auch was richtig Schönes sein!

Was auch vermisst werden wird, und zwar bundesweit: der Nord-Süd-Gipfel, der - leider - schon lange keiner mehr ist. 0:6 mit Aufwärtstendenz, das kann es nicht sein. Sagt der Rothosenfan, als den ich mich begreife. Zu hundert Pro. Versteht sich.

Bevor euch dieser Mutmacher wieder mental auf die Beine hilft - zum Hinfallen gehört das Aufstehen dazu wie die Zwiebelringe zum Matjesbrötchen -, müssen wir uns aber der Situation stellen. Die extrem bitter ist. Keine Frage. Denn am letzten Spieltag der jüngst vergangenen Saison ist es jetzt wirklich zappenduster an der Alster geworden. Trotz des 2:1 gegen die Fohlen und trotz wochenlanger Aufwärtstendenz ...; das rettende Ufer, also die Relegation, wurde doch nicht mehr erreicht.

Weil die, die keiner in der Liga vermissen würde, bis auf die wenigen Fans der anderen Grün-Weißen natürlich, an diesem finsteren Frühlingsnachmittag gegen die Geißbockelf auch als Sieger den Platz verlassen haben. Wie man hört, soll die Mannschaft vom Rhein alles andere getan haben, als sich voll reinzuhauen.

Von wegen: Da wir ohnehin längst abgestiegen sind, können wir befreit aufspielen. Pustekuchen. Der Freizeitkick hat den Wölfen voll in die Karten gespielt und alle Anstrengungen unseres Vereins zunichte gemacht. Da kannst du so viele Tore schießen, wie du willst, wenn der Punkteabstand zwingend dafür spricht, dass die Werkself von den Dieselstänkerern als Verlierer den Platz verlassen muss. Und wer hat, letzten Endes, dafür gesorgt, dass der Abstieg vermieden wurde? Genau! Ausgerechnet der gebürtige Darmstädter Bruno Labbadia, der auch uns schon mal, ist noch gar nicht so lange her, aus der Patsche geholfen hat. Und sei's auch nur, weil er es wie kein anderer versteht, verzweifelten Optimismus zu verströmen. Muss auch gekonnt sein.

Bevor ich mich der Zukunft zuwende, also bereit und in der Stimmung bin, aber mal so richtig in die Vollen zu gehen, müssen wir Trauerarbeit leisten. Eine Träne muss verdrückt werden. Ein Requiem lässt uns zusammenrücken. Wo Menschen singen, lass dich nieder ... Damit wir uns, seelisch gereinigt, auf das konzentrieren können, was die Zukunft bringen wird. Das Ziel: Auch noch der Letzte in der Republik soll kapieren, dass an dem Rautenclub kein Weg vorbeiführt. Ex oder nicht. Schnurzpiepegal!

HSV-Requiem

Weiß, Rot, Blau sind deine Farben,
Du, mein Rautenclub.
Meine Seele hat jetzt Narben,
Fort bist du, ja, schwupp.

Verwaist steht es jetzt da,
Der Liga Oberhaus.
Was meinem HSV geschah,
Der Abstieg war ein Graus.

Die Hoffnung wollte keimen,
Weil einer kam herzu.
Ich meine diesen Einen,
Der gab der Mannschaft Ruh.

Und Ruh, das meint Entschlossenheit,
Meint Zutraun, Spielkultur.
Kein Weg war meinen Jungs zu weit,
Sie wollten siegen nur.

Doch ach, der Retter kam zu spät,
Vier Wochen war'n vertan.
Weil einem letztlich nichts gerät,
Der bloß Beton rührt an.

Der weise, unscheinbare Mann,
Kam leider viel zu spät.
Doch weiß ich, dann, ja dann,
Wird richtig Sturm gesät.

Die 2. Liga packt das Grauen,
Bei Auswärtsspielen gar.
Mein Club, der wird sich alles trauen,
Der Trainer ist der Star.

Und wenn das Jahr sich rundet,
Ich nenne diese Frist.
Dann ist der HSV gesundet,
Und gar nichts mehr ist trist.

Dann mischen wir die Liga auf,
Wie einst der FCK.
Dann hat die Mannschaft einen Lauf,
Europa, wir sind da!

In diesem Sinne, und denkt an meine Worte, Fans. Euer Willi Michel hat sich noch nie getäuscht. Jedenfalls dann nicht, wenn es sich um die Zukunft unseres Vereins handelt. Die mit dem heutigen Tag begonnen hat. Denn, wie hat es weiland der wortgewaltige Pfeifenraucher Ernst Bloch ausgedrückt? »Es kommt darauf an, das Hoffen zu lernen. Seine Arbeit entsagt nicht, sie ist ins Gelingen verliebt statt ins Scheitern.« Der Knorrige hat ja so was von recht! Und daran wollen wir uns alle halten.

Willi Michel, alias Frank-Peter Hansen

1.

TITZ

Krischan heißt er. Klingt norddeutsch. Ist aber ein gebürtiger Mannheimer. Das Jahr, in dem er das Licht der Welt erblickte: 1971. Der Tag: der 1. April. Kleiner Aprilscherz. Nee, is so. Seit dem 13. März 2018 Cheftrainer bei unserem Verein. Der 13. War's ein Freitag? Mal kurz recherchiert. Nein, ein Dienstag. Hätte auch nicht gepasst. Denn der Mann ist ein Glückstreffer der Schöpfung. Und wie sollte ein Begnadeter an einem schwarzen Freitag seine Augen geöffnet haben? Wäre ein absoluter Fehlgriff gewesen. Von wem auch immer.

Ich erinnere mich noch genau an seinen ersten Auftritt im *Aktuellen Sportstudio.* Samstagabend. Der 28.04. Gespräch mit der stets gut gelaunten Moderatorin Katrin Müller-Hohenstein. Der allerdings, am Rande vermerkt, und ich riskiere mal einen Blick in die Zukunft, die für mich – muss ich jetzt nicht erläutern – natürlich inzwischen Vergangenheit ist, die Gesichtszüge entgleisten, als der deutschen Nationalmannschaft Schreckliches widerfuhr. Oder widerfahren sein wird. Als sie ... Nicht jetzt. Alles hat seine Zeit und seine Stelle. Jedenfalls, auch diese immer so hoffnungsvoll schmunzelnde Fernsehmoderatorin weiß, was das ist und was es bedeutet, wenn einem plötzlich die Perspektive abhandenkommt. In diesem Fall auf das Double in Serie. Von dem landauf, landab alle Fußballbegeisterten wie selbstverständlich ausgegangen sind. Dann guckt auch eine scheinbar immer Gutgelaunte ziemlich bedröppelt aus der Wäsche. Ich bin der Letzte, der das nicht versteht. Niederlagen zu verknusen war schließlich all die letzten Jahre meine und eure Hauptbeschäftigung, Fans. Das setzt sich in den Klamotten fest. Oder in den Gesichtszügen, die immer so was ungläubig Erstauntes und leicht Verzweifeltes haben. Wie bei Katrin, die, das wird man gesehen haben, glaubte, im falschen Film zu sein. Deren Haupt von Düsternis umwölkt war. Moralisch nicht weit entfernt vom Abgrund. Und damit wird sie nicht allein gewesen sein …

Zurück in die Vorvergangenheit. Titz. Es war der Abend nach dem 3:1-Auswärtssieg bei den Wölfen. Als alle wieder an den Nichtabstieg glaubten. Und als Lewis Holtby unmittelbar nach dem Spiel vor laufender Kamera verschmitzt lächelnd Denkwürdiges von sich gab: »Wir spielen das erste Mal seit vier Jahren Fußball. Wir haben Ballbesitz, hohes Pressing. Das sind harte Töne, aber ich stehe dazu, weil es die Wahrheit ist.«

Seit vier Jahren? Wer hat innerhalb dieses Zeitraums die Mannschaft trainiert? 5 Trainer, in Worten: fünf, hatten jeweils das Sagen. Mirko Slomka, Joe Zinnbauer, Bruno Labbadia, Markus Gisdol und Bernd Hollerbach. Zur Ehre Slomkas, Labbadias und Gisdols muss allerdings doch erwähnt werden, dass sie alle den immer wieder drohenden Abstieg verhindert haben. Zweimal Relegation oder, am Ende der vorletzten Saison, Tabellenplatz 14. Gegen welche Mannschaft den nervenaufreibenden Relegationsdoppelkick am letzten Spieltag auf den letzten Drücker verhindert? Bingo: gegen die Wölfe. Torschütze erneut auf den letzten Drücker? Luca Waldschmidt. Hatte den Namen zuvor noch nie gehört. Zum damaligen Zeitpunkt 21

Jahre jung. Eingewechselt. 110 Sekunden auf dem Platz. 88. Minute. Flanke von der Eckfahne. Genau getimt. Kopfball. Tooor!! Erstes Bundesligator des Youngsters. Sollte für lange auch sein letztes bleiben. Und wer hat das dritte Tor, ziemlich genau ein Jahr später, in Wolfsburg abgestaubt? Bingo. Waldschmidt. Die Dinge wiederholen sich. Leider, letztlich, ohne den finalen Freudentaumel für dieses Mal. Aber egal wie, man muss sich auch über das Gewesene freuen. Den Last-minute-Treffer in der Vorsaison. Ich weiß es noch, als ob es gestern gewesen wäre. Ich musste heulen. Vor Glück.

Zurück zu Krischan und seinem spätabendlichen Interview. Die Ruhe in Person. Total unaufgeregt. Verstrahlte kühle, mit einem total liebenswerten Lächeln unterlegte Kompetenz. Bewahrte stets einen klaren Kopf. Ein echter Mutmacher. Der jetzt unseren Verein trainiert. Die erste Mannschaft. Denn seit 2015 betreute er zunächst die in der B-Junioren-Bundesliga spielende B-Jugend (U17) des Hamburger SV für zwei Spielzeiten. 2017 dann übernahm er die in der Regionalliga Nord spielende zweite Mannschaft (U21) des Rautenclubs. Mit 40 Punkten aus 17 Spielen wurde die U21 Herbstmeister. Da deutete sich was an.

Der stets verschmitzt lächelnde Mann versteht es wirklich, emotionale Aufbauarbeit zu leisten. Mut zuzusprechen. Dass man wieder an sich und seine Stärken glaubt. Der Vatertypus. Einer, zu dem man unwillkürlich Zutrauen fasst. Der auch diejenigen zu erwähnen nicht vergisst, die ihm und seiner Spielidee zuarbeiten. Gemeint ist der Mitarbeiterstab. Denn, das ist entscheidend: Der Mann hat eine Spielidee. Die Betonung liegt auf Spiel. Und er weiß darum, dass der Spieler im Profi auch ein Mensch ist, der sich auch immer wieder einmal an einem fettreichen griechischen Gyros erfreuen darf. Pils inklusive.

Das Ex-Ligaurgestein jedenfalls, um aufs Eigentliche zurückzukommen, spielt endlich wieder offensiven Fußball. So etwas wie ein Spielaufbau ist erkennbar. Ballbesitz ist Trumpf. Der überraschende Pass in die Tiefe kommt beim durchgestarteten Mitspieler an. Jeder ist für den anderen da. Die Torgefahr ist zurück. Die Offensivspieler sind wirklich wieder welche und tun das, wofür ihre Bezeichnung steht: das Spiel nach vorne zu verlagern. Die Nachwuchsspieler werden integriert. Also die, denen die Zukunft gehört, die unbekümmert sind, und die noch was reißen wollen. Wer nicht wüsste, dass ich vom HSV spreche, könnte auf den Gedanken kommen, die Rede sei vom FCB. Bis auf den letzten Punkt natürlich. Denn, man weiß es ja, die Führungsetage der Bajuwaren kauft sich lieber ihre Elitekicker zusammen. Und sei's auch bloß, um den oder die Mitkonkurrenten um die nächste Meisterschaft zu schwächen.

Ein Satz ist mir haften geblieben: »Geh mit den Menschen so um, wie man selbst möchte, dass man mit einem umgeht.« Ist kein ganz astreines Deutsch. Aber geschenkt. War schließlich ein live geführtes Gespräch. Nix mit: »Ups! Lief die Kamera gerade eben? Kann ich das noch einmal sagen?« Was gemeint ist, ist sonnenklar. Könnte von Kant sein. Klingt nach kategorischem Imperativ. Für den Hausgebrauch kennt's jeder: Was du nicht willst, dass man dir tu ... Undsoweiter. Schließt, laut Titz, auch das In-den-Arm-Nehmen mit ein. Finde ich, ganz im Vertrauen, hochsympathisch. Weil es ehrlich rüberkommt und nicht so, dass man weiß, es wird nur deswegen gesagt, weil es gut ankommt. Und was er über Lewis Holtby gesagt hat ... Tränen der Rührung. Weil, der Blondschopf ist wieder, Phönix aus der Asche, aufgeblüht. Das strahlende Leben. Der Torgarant. Der sich was zu sagen traut. Dabei versonnen lächelt.

Auferstanden aus Ruinen, trotz der historischen Reminiszenz. Der verloren geglaubte Sohn, der seinen Vater wiedergefunden hat. Und der, gaaanz wichtig, dem Verein auch in der 2. Liga erhalten bleibt. Die Treue hält. Wie der ebenfalls wieder von seinem Trainer zu sich selbst geführte Aaron Hunt und manch anderer auch. Vermutlich nicht zuletzt deswegen, weil ihm und Hunt die Treue gehalten wurde. Dass Titz ihnen das Gefühl wiedergegeben hat, keine Luschen zu sein, haben sie dem Verein innerhalb kürzester Zeit zurückgegeben. Mit Toren, Spielwitz und Mut zum Risiko.

Also, kurz und knapp, der Mann ist, mein Empfinden, grundgut im moralischen Sinne. Heißt, feinfühlig und einfühlsam und, der zweite Bestandteil, in hohem Maße kompetent. Weil er um die Stärken seiner Spieler nicht bloß weiß, sondern auch, wo sie am besten zur Geltung zu bringen sind. Hat schließlich diverse Fußballlehrbücher publiziert. Denn »Fußball wird im Kopf entschieden«. Das spricht für sich. Schluss mit dem öden Langpassspiel auf Duselbasis. Ballsicheres Kurzpassspiel und Ballbesitz auf Laufbereitschaftsbasis, so lautet seit Kurzem an der Alster die Devise. Denn den Mutigen gehört die Welt. »Wenn ich selbst den Ball hab, kann zunächst mal der Gegner kein Tor erzielen.« So ist das. Der Mann hat ja so was von recht.

Fazit: »Wenn Christian Titz diesen Trümmerhaufen HSV echt noch rettet, sollte die SPD mit ihm mal über eine Kanzlerkandidatur sprechen.« Meint Marie von den Benken auf Twitter. Hat für flächendeckendes Gelächter bei den Anwesenden gesorgt. Einzige Ausnahme: Krischan. Der blieb besonnen, lächelte charmant und fand es, nach einer kurzen, von Klatschen unterlegten Bedenkzeit, »lustig«. Kann ich mich nur anschließen. Und wenn es letztlich doch nicht gereicht hat, mit diesem Trainer – die Hoffnung hat einen Namen und dieser Name macht Mut –, sind die Wiederaufstiegschancen für unseren Verein erste Sahne. Denn die Truppe hat – endlich! – wieder Spaß am Fußball. Und damit das auch in der 2. Liga so bleibt, dafür steht dieser Fußballlehrer, der aus der Kälte kam und an den ich mein Herz verloren habe. Ich gehe mal davon aus, dass fast alle Hamburger mit mir darin übereinstimmen. Bis auf die Fans von St. Pauli natürlich.

Apropos St. Pauli: Das traditionelle Stadtderby steht mal wieder nach Jahren der Enthaltsamkeit gleich zwei Mal auf dem Programm. Hin- und Rückspiel. Wahrscheinlich beide Male im Volkspark. Heißt klipp und klar: zwei Heimspiele. Macht in der Summe schlappe sechs Punkte. Weil die mit dem schicken dunkelbraunen Jersey letztlich doch nicht in die 3. Liga abgestiegen sind. Und auch mit den Kieler Störchen kann unser Verein in der kommenden Saison die Kräfte messen. Was, kleiner Dämpfer, kein Selbstläufer werden wird, torgefährlich wie die mit den roten Stutzen sind. Auch wenn der Trainer sich Richtung Köln verabschiedet hat. Christian Titz jedenfalls bleibt dem HSV erhalten und wird das Ding schon richten. Hundert pro!

Inzwischen ist auch klar, gegen wen wir die Zweitligasaison eröffnen werden. Für alle, die es noch nicht wissen, obwohl, wenn das hier erschienen sein wird, ist das erste HSV-Kiel-Derby der Bundesligahistorie bereits wieder Geschichte … Genau, es geht am ersten Spieltag gegen die Störche. Heimspiel im Volkspark. Volle Hütte. Das Datum: der 3. August. Ein Freitag. Ein klassisches Saisoneröffnungsspiel. Ganz so, wie in der 1. Liga Die Zeit: 20.30 Uhr. Flutlicht. Atmosphäre.

Und weil dieser hochsympathische Mann nach meinem Empfinden eine für einen Fußballlehrer nicht unbedingt typische Aura hat, kommt mir der Gedanke bei, auch ihm, wie an späterer Stelle einem von einem etwas anderen Format, etwas Gereimtes mit auf seinen hoffentlich von Erfolg gekrönten Weg zu geben.

Krischan, der Gesalbte

Ein Trainer soll Gedichte schreiben?
Nein, ganz sicher nicht.
Wo liegt das Gewicht?
Lass Gedanken treiben …

Die Gestalt ist sein Metier,
Ja, das leuchtet ein.
Klar und rein.
Das ist das Milieu.

Welch Material ist im Gebrauch?
Die Technik gibt ihm Rat.
Bestimmt des Kopfes Tat.
Der Rest kommt aus dem Bauch.

Was heißen soll all dies?
Man weiß nicht aus noch ein.
Die Antwort geb ich fein:
Willst kreativ du sein,
Kopf, Herz und Hand,
Vereint in schönem Band.

2.

VOLKSPARK

Ist nicht bloß einer, sondern heißt jetzt auch wieder so. Genauer und auf den Ballsport bezogen: Volksparkstadion. Wie es sein soll. Des Identifikationspotenzials wegen. Damit der sprichwörtliche zwölfte Mann das Oval wieder als sein Wohnzimmer ansehen kann und mit Leben erfüllt. Sich wie zu Hause fühlt. Sozusagen wie weiland Boris Becker in Wimbledon. Oder Rafa Nadal in Roland-Garros. Der Name allein verströmt etwas … Nenne ich's mal ein Gefühl der Verbundenheit mit dem, was in der Ferne der Zeiten gewesen ist. Tradition. Geschichte. Die großen Momente der Vereinsvergangenheit. Treibt den Gegnern, die anreisen, den Angstschweiß auf die Stirn. Von wegen Heimstärke. Lässt Erinnerungen wach werden an die gute alte Zeit.

Charly Dörfel, der Flügelflitzer, Flankengott und stets gesprächsbereite Bänkelsänger. War auch immer wieder einmal für einen kurzen Klönschnack während des Spiels zu haben. Ein griffiger Gedankenaustausch mit dem Fan an der Seitenlinie. Spielideen austauschen. Taktische Finessen ausbaldowern. Fördert die mentale Verbundenheit mit uns, also denen, die Woche für Woche Kohle berappen und hinter der Mannschaft stehen wie ein Mann. Und gibt dem Spieler Zeit, ein wenig zu verschnaufen. Runterzukommen von der schweißtreibenden

Rennerei. Würde heute nicht mehr funktionieren. Allenfalls mit einem Flitzer, der es schafft, den Ordnern ein Schnippchen zu schlagen, und, wie weiland Adam, der Erstgeborene, ein paar Haken auf dem grünen Rasen zu schlagen, bevor er mit vereinten Kräften zu Boden gerissen und im Schwitzkasten abgeführt wird.

Uns Uwe. Kopfballungeheuer ein gutes Jahrzehnt vor Hrubesch Horst. Fallrückzieherspezialist auf dem Niveau von – mindestens – Klaus Fischer von S04. Unvergessen sein eigentlich unmögliches Kopfballtor mit der verlängerten Stirn, also dem Hinterkopf, gegen die Three Lions im hitzerekordverdächtigen Viertelfinale bei der WM 1970 in Mexiko zum 2:2. Verlängerung. Die Engländer, die, bis auf die Heim-WM vier Jahre zuvor, seitdem nicht mehr zu Potte kommen, so was von nass gemacht. Wo sie doch nach 50 Minuten, also mehr als der Hälfte der Spielzeit, bereits mit 2:0 geführt hatten. Kaiser Franz sorgte dann für den Anschlusstreffer, sodass Hoffnung aufkeimte. Zumal der Trainer der Engländer, der nobilitierte Alf Ramsey, seinen Ausnahmekönner Bobby Charlton vom Feld genommen hatte. War sich seiner Sache sicher. So kann man sich täuschen. Daraus, seinen Superstar für das Halbfinale zu schonen, ist dann nichts mehr geworden. Obwohl, geschont hat er ihn schon. Fragt sich bloß: wofür?!

Also, Sir Alf ging wohl davon aus, dass der Drops gelutscht ist. Zumal gegen die Nationalmannschaft der BRD, die bis zu diesem Zeitpunkt noch kein einziges Spiel gegen die aus dem Heimatland des Fußballs gewonnen hatte. Jedenfalls in keinem bedeutenden Turnier. Seitdem verkehrte Welt. Jedenfalls aus der Sicht der Mannen von der Insel. Haben seitdem ihrerseits nichts mehr gegen unsere Jungs gerissen. Niederlagen, so weit das Auge reicht. Bei Meisterschaften, versteht sich. Freundschaftsspiele sind halt Freundschaftsspiele, da darf der Gegner auch mal jubeln. Da sind wir gar nicht so. Dass sie so was von chancenlos sind, wenn es gegen Deutschland geht, hat sich in den Hirnen der nächsten englischstämmigen Fußballgenerationen bis auf den heutigen Tag festgesetzt. Paul Gascoigne hat es auf den Punkt gebracht, als er in den Neunzigern ins Sinnieren kam, wie man den Ballsport, dem seine, zugegeben, etwas rustikale Liebe galt, eigentlich am besten definiert. In etwa folgendermaßen (ich zitiere aus dem Gedächtnis): Fußball ist, wenn zwei Mannschaften mit je elf Spielern auf beiden Seiten gegeneinander antreten und Deutschland gewinnt. Präzise auf den Punkt gebracht von dem nicht eben stressresistenten Radaubruder mit der markanten Kauleiste. Sprich: Die deutsche Fußballnationalmannschaft freut sich wahrscheinlich jetzt schon auf das nächste Kräftemessen bei der unmittelbar bevorstehenden WM in Russland.

Kleine Korrektur. Hab ich soeben aufgeschnappt. Nicht Gascoigne gebührt die Ehre, diesen zeitlosen wahren Spruch kreiert zu haben, sondern seinem Mannschaftskollegen Gary Winston Lineker. Wörtlich hat er, nach der Niederlage der englischen gegen die deutsche Nationalmannschaft im Halbfinale der Fußballweltmeisterschaft 1990 in Turin am 4. Juli 1990, ich habe mich kundig gemacht, zu Protokoll gegeben »Fußball ist ein einfaches Spiel: 22 Männer jagen 90 Minuten lang einem Ball nach, und am Ende gewinnen immer die Deutschen.«

Korrektur, die Zweite. Zu einem Kräftemessen zwischen den Rot-Weißen aus dem Königreich und den Schwarz-Weißen wird es bei diesem Turnier, das steht mittlerweile fest, nicht mehr kommen. Weil … Kein Wort weiter. Wer ein Buch schreibt, das mit Aktualitäten jongliert, hat die einmalige Möglichkeit, ständig zwischen Gegenwart und Vergangenheit hin und her zu springen. Weil die Gegenwart längst vergangen ist, wenn zur Feder gegriffen worden ist. Selbst die Zukunft hat dann das Schicksal ereilt, keine Zukunft mehr zu sein oder zu haben. Auch sie ist, wenn alles in trockenen Tüchern und das letzte Wort geschrieben ist, Vergangenheit. Man kann es auch so sagen: Im und während des Schreibens gibt es eigentlich nur eine Zeit ... Die Vergangenheit. Das große »Es war einmal«. Wie im Märchen. Der Autor, der die Zeit beherrscht ... Nicht er ist der Zeit und ihrem ewigen Gleichfluss unterworfen, sondern sie ihm. Klingt gruselig, ich weiß. Weil das herkömmliche Nacheinander des dann und dann und dann ... flöten gegangen ist.

Weiter in der Ahnengalerie meines HSV. Denn wenn du zu lange über die Zeit nachdenkst, läufst du Gefahr, vielleicht nicht den Verstand, aber den Überblick und die Standfestigkeit zu verlieren. Beides aber ist für den Erfolg im Fußballsport unverzichtbar.

Williiii Schulz, der klassische Vorstopper oder der unermüdliche Wasserträger. Ist jetzt nicht abwertend gemeint; eher ein Kompliment an die Adresse des Hageren mit der hohen Stirn. Hatte sich den Namen »World-Cup-Willi« redlich verdient. Sein 66. und damit letztes Länderspiel bestritt Willi am 17. Juni 1970 im legendären WM-Halbfinale gegen Italien, das allerdings mit 3:4 in der Verlängerung verloren wurde. Danach hatte der Bayern-Keeper Maier Sepp so was von die Faxen dicke, weil: Drei Dinger innerhalb von nur einer halben Stunde eingeschenkt zu bekommen, das zehrt an den Nerven und kann einem die Lust an der Arbeit aber auch so was von vermiesen. Verzichtete folglich auf den Einsatz im Spiel um Platz drei. Ist ja sowieso Käse, so ein Kick, bei dem es tatsächlich bloß noch um die Goldene Ananas geht.

Soll ich weitere Namen nennen? Die größten der Großen unseres Vereins. Geschenkt. Der wahre Fan kennt sie alle, auch wenn er sie nicht mehr live und in Farbe selbst erlebt hat. Vom Hörensagen. Wenn Mutti oder Vati ins Schwärmen geraten, da sie mit einem versonnenen Lächeln im Gesicht den Nachwuchs gestenreich in die Vergangenheit der Rothosen mitnehmen.

Manni Kaltz, der Bananenflankengott. Horst Hrubesch, das zweite Kopfballungeheuer, der, seiner Körpergröße und entsprechenden Durchschlagskraft wegen, wirklich eines war. Kevin Keegan, die stets gut gelaunte Mighty Mouse mit Spielmacherqualitäten und dem exorbitanten Torriecher. Lag die Mannschaft zur Halbzeit mit, sagen wir, 0:3 hinten, was, der Wahrheit die Ehre, unter seiner Ägide meines Wissens nie vorgekommen ist, dann hat sie beim Schlusspfiff mit absoluter Sicherheit mit 4:3 gewonnen. Uuuli Stein, der Weltklassekeeper, der 1987 zur Eintracht aus Frankfurt wechselte.

Apropos Frankfurt. Blöd, dass Nicolai Müller in der nächsten Saison auch für die Frankfurter auflaufen wird. Hat wohl keinen Bock auf die 2. Liga. Zumal er ja auch nicht mehr der Jüngsten einer ist. Hat 30 Lenze auf dem Buckel. Das Fußballrentenalter ist nicht mehr weit. Da möchte man, habe ich Verständnis für, noch einmal was Neues ausprobieren, wenn einem die Chance geboten wird. Glück auf an der neuen Wirkungsstätte. Meinen Segen hast du. Und trotzdem: Meine Hoffnung bis auf den heutigen Tag ist gewesen, dass er meiner Mannschaft die Treue hält. Wie Holtby oder Hunt.

Zumal er, nach Anlaufschwierigkeiten, die allerdings ziemlich genau eine ganze Saison währten, in dem Relegationsgewürge gegen den KSC endlich die Kurve gekriegt hat. Abstaubertor in der Verlängerung zum 2:1. An diesem Abend ist sein Stern erst wirklich aufgegangen. So etwas wie ein spielgestaltender Torgarant fortan. Bis zu seinem saublöden Torjubel beim 1:0 gegen den FC Augsburg im ersten Spiel der gerade abgelaufenen Katastrophensaison. Was wäre gewesen, wenn? Wenn er sich nicht so dusselig an der Eckfahne angestellt hätte?! Kreuzbandriss beim Jubeln. Hat's so was schon mal gegeben in der an Skurrilitäten nicht gerade armen Bundesligahistorie? Ich glaube nicht. Ein echter Unglücksrabe eben. Gelassene Shakehands zwischen Freunden. Zumal das Spiel gerade erst acht Minuten alt war. Was soll zu diesem frühen Zeitpunkt das Gehampel? Was kann in den verbleibenden gut 80 Minuten nicht noch alles passieren?! Da muss ein ausgebuffter Fußballprofi doch mit seinen Kräften haushalten! Zurückgetrabt in die eigene Spielhälfte. Auf den Wiederanpfiff warten und sich dann wieder voll reinhauen. Ja, was wäre dann gewesen? Wäre alles anders gekommen? Wäre der Abstieg mit diesem blitzgescheiten Stürmer in der Startelf vermieden worden? Zumal sie nach dem 3:1-Auswärtssieg in Köln am zweiten Spieltag die Tabelle angeführt haben. Man reibt sich die Augen und glaubt es nicht. Kann einfach nicht fassen, was fortan geschah. Also letztlich doch schade, dass er den Weg Richtung Süden antritt.

Die Gegenwart hat mich wieder. Da ein Fan doch so gerne in Gedanken an die Vergangenheit schwelgt. Zumal, wenn die Gegenwart nicht ganz so rosig ist. Aber jetzt bloß nicht schlappmachen. Man kann es mit der Sentimentalität auch übertreiben. Zumal es heute wie nie gilt, die Kräfte zu bündeln. Also, was wollte ich?

Ach ja. Das Volksparkstadion, das endlich wieder auch so heißt. Was hatte der Kessel in den zurückliegenden Jahren nicht alles für saublöde Namen. Der Sponsoren wegen. Klar! Ohne Penunzen kommst du heute nicht weit. Nicht bloß im Fußball. Die mit der meisten Knete geben den Ton an. National wie international. Die Bayern, beispielsweise. Haben sich ein Starensemble zusammengekauft und basteln, wie man hört, bereits eifrig am Umbruch. Weil die alten Recken, wie beispielsweise Franck Ribéry, der die 35 bereits überschritten hat, und der 34-jährige holländische Kahlschädel Arjen Robben mit der linken Klebe, langsam doch, der gerade unter Dach und Fach gebrachten einjährigen Vertragsverlängerung zum Trotz, zum alten Eisen gehören. Damit bloß keine Erfolgslücke entsteht. Haben sie mal ein Spiel verloren, wird sogleich die Krise ausgerufen. Ein Fan von diesem Eliteclub zu sein kann bloß sturzlangweilig sein. Nervenflattern? Fehlanzeige. Schweißnasse Hände? Keine Rede. Immer bloß jubeln? Nee, verzichte. Von Mitfiebern keine Spur. Es sei denn, man eilt von Sieg zu Sieg und ist suizidgefährdet, wenn das Pokalfinale gegen die Eintracht aus Frankfurt mit 1:3 verloren geht. Und ist, zu allem Überfluss, noch ein schlechter Verlierer, weil man über den nicht gegebenen Elfer kurz vor Abpfiff aus dem Lamentieren nicht mehr herauskommt. Wochenlanges Rumgejaule. – Meine Meinung: Die Fans dieses Clubs sind alles mentale Weicheier ohne Nehmerqualitäten.

Man kommt immer wieder ins Schnacken, wenn man über Fußball nachdenkt. Is so. Kannst du nichts gegen machen. Geht, was gilt die Wette, jedem Fan so! Frag, wen du willst, jedem fallen über seinen Verein, für den sein Herz schlägt, Hunderte Geschichten aus dem Stand ein. So gesehen könnte jeder Bücher vollschreiben mit hohem Erlebniswert. Wie ich es gerade tue. Getan habe … Abtauchen, schwelgen, mitfreuen oder -leiden, alles um sich herum vergessen. Ist so etwas wie ein Selbstläufer. Wie das 7:1 bei der Weltmeisterschaft 2014 im Halbfinale gegen die Brasilianer. Ein unheimlicher Kick. Unwirklich. Ein Traum. Oder Albtraum, je nach Landeszugehörigkeit und entsprechender Sichtweise auf die Dinge, die geschahen und eigentlich nicht wahr sein konnten. Das legendäre Maracanã-Stadion fest in deutscher Hand. Und das, obwohl Deutschland auch gegen Brasilien in einem Turnier zuvor noch nie als Sieger den Platz verlassen hatte. Und dann das. Die Blamage schlechthin, aus der Sicht derer vom Zuckerhut. Da kommen die – und mit die meine ich so gut wie alle Brasilianer – ihr Lebtag nicht drüber hinweg. Es sei denn, die Revanche gelingt, und sie fegen die Deutschen bei der unmittelbar bevorstehenden WM mit einem ähnlich wahnsinnigen Ergebnis vom Platz.

Unmittelbar bevorstehend? Ich komme immer wieder mit den Zeitformen in Bedrängnis. Obwohl doch ich der Master of the Universe bin. Die Schlagzeilen von morgen sind das Papier nicht wert, auf dem sie geschrieben sein werden. Obwohl, das stimmt so nicht ganz. Denn was geschähe eigentlich, wenn man das Erlebte oder das, was man erlebt haben wird, nicht zu Papier brächte oder zu Papier gebracht haben würde. Es ginge, je länger, desto mehr, verloren. Im Schacht des Vergessens wird es, je tiefer hinab es geht, immer dusterer. Bis irgendwann alles in einem wüsten Nichts verschwunden sein wird, gerade so, als ob es nie stattgefunden hätte. Das gilt es zu verhindern. Einer, der die HSV- und Fußballgeschichte, also das was war, was ist und sein wird, möglichst realitätsgetreu in Sprache gießt, ist der große Bewahrer all dessen, was als das unmittelbar Bevorstehende schon bald der Vergangenheit angehören wird. Sag ich doch, der (Fußball-) Historiker befindet sich außerhalb der Zeit. Und deswegen darf er in ihr herumspringen, wie es ihm beliebt. So wie ich das jetzt bereits das zweite Mal getan habe.

Was, konkret, bedeutet, dass das fußballerische Kräftemessen zwischen der Seleção und denen mit dem Bundesadler auf dem Trikot bei dieser WM garantiert nicht mehr stattfinden wird. Und meine Meinung dazu ist, dass unsere Jungs von Glück sagen können, dass die vom Zuckerhut keine Revanche nehmen können für die Katastrophe von vor vier Jahren. Vom Platz gefegt. Und zwar retour.

Vom Platz. Also, das Volksparkstadion. Seine Namen, die keiner von uns Fans je über die Lippen gebracht hat, weil für uns das Stadion immer das Volksparkstadion gewesen und geblieben ist. AOL Arena von 2001 bis 2007. Da fing das Elend an. Nahm, unter dem Namen HSH Nordbank Arena, von 2007 bis 2010 seinen Lauf. Und fand sein unrühmliches Ende mit dem Namen Imtech Arena von 2010 bis 2015, mit dem ich endgültig nichts mehr anfangen konnte. Imtech? Ein Schreibfehler? Vielleicht Im Teich? Keine Ahnung und ist mir ohnehin sowas von egal. Denn diese neumodschen Namen ohne jeden Wiedererkennungs- und Identifizierungswert (kann man das so sagen?) sind Geschichte. Wat 'n Glück! Ut un vörbie, as man in Hamburg seggen deit.

Anfangs, wenn ich krankheitsbedingt das Bett hüten musste und, ganz oldschool, das Kofferradio am Ohr hatte – hat wirklich Atmosphäre, sollten alle mal ausprobieren, die nachvollziehen wollen, was es heißt, auch unter dem Technikgesichtspunkt in die Vergangenheit abzutauchen –, wusste ich nie, dass der Volkspark in der Konferenz reportertechnisch am Drücker war. Fiel ein Tor, fiel der Groschen bei mir extrem spät. Egal ob es im Kasten des jeweiligen Gegners oder bei meiner Mannschaft geklingelt hatte. Und das kann es ja nun wirklich nicht sein! Dass man um die zeitnahe Trauer oder den Jubel betrogen wird.

Gerade so, wie seit der Einführung des Videobeweises. Der Schiri gibt das Tor. Zeigt auf den Punkt. Die Mannschaft liegt sich im Freudentaumel in den Armen. Doch halt! Der Mann mit der Pfeife scheint in sich hineinzuhorchen. Dabei hat man ihm bloß aus Köln ins Ohr geflüstert, dass es etwas zu überprüfen gibt. Unklare Gesamtsituation. Womöglich ein vorhergegangenes Handspiel. Oder ein Foul. Oder eine Abseitsstellung. Er formt mit seinen Händen geometrische Figuren in die Luft. Rennt zur Seitenauslinie. Beugt sich über die Flimmerkiste. Sieht, wenn's ganz dumm läuft, minutenlang fern. Ringt mit sich. Kommt nicht zu Potte. Denn die Angst sitzt ihm im Nacken. Bloß nichts falsch machen, denkt er. Kann ja jetzt alles x-mal überprüft werden. Und wird, was gilt die Wette?!, x-mal überprüft. Mehrfachkommentar all der vielen Schlaumeier inklusive. Die nicht den Hauch einer Ahnung davon haben, unter welchem Druck unsereins Woche für Woche steht. Für ein lächerlich geringes Entgelt. Da ist schon manch einer aus der Branche auf dumme Gedanken gekommen … Nachher bin ich der Trottel der Nation. Aber es hilft ja nichts. Eine Entscheidung muss her. Also doch. Kein Tor. Zurück auf den grünen Rasen im Laufschritt. Noch einmal Geometrie für Anfänger. Dann gibt die Rechte die Richtung an. Mittelkreis. Oder linker Arm oben. Indirekter Freistoß. Und die Spieler stehen die ganze Zeit wie die Belämmerten auf dem Platz rum, halten Maulaffen feil und harren der Dinge, die da kommen werden. Kannst du rammdösig von werden. Oder verzweifeln. Oder die Aggression packt dich. Alles möglich, und für alles muss und kann man Verständnis haben. Bloß die unmittelbar erlebte Freude, die bleibt bei dem übervorsichtigen Gewürge auf der Strecke. Fußball ist eben auch nur ein Spiel, und der mit der Pfeife, der letztlich auf dem Platz das Sagen hat, ist auch bloß ein Mensch. Folglich fehlbar. Und das muss man ihm auch zugestehen. Und am Ende der Saison gleicht sich ohnehin alles wieder aus. Also, was soll der Geiz?! Wenn je der Satz seine Berechtigung hatte, dass früher alles besser war, dann in diesem speziellen Fall. Meine Meinung.

Mir bringt, Kurzfassung, diese Art, Zeit von der Uhr zu nehmen, die dann wieder nachgespielt werden muss, keinen Spaß! Vorsichtig ausgedrückt …

Volksparkstadion, die Zweite. Oder ist es bereits die Dritte? Egal. Die Hauptsache ist, ein ganz großes Dankeschön geht an die Adresse Klaus-Michael Kühnes, den Edelmäzen meines Vereins! Hat sich am 22. Januar 2015 für vier Jahre die Namensrechte am Stadion gesichert, das seit dem 1. Juli 2015 wieder so heißt, wie es sich gehört. Damit die abertausend Getreuen der Rothosen sich wieder heimisch fühlen in ihrem Stadion im Grünen. Und folglich gemütsmäßig voll und ganz hinter ihrem Verein stehen können, auch und gerade, wenn die Luft dünn wird. Sprich, wenn die nächste Niederlage droht und Formen annimmt. Wovon es in der letzten Saison 19 gegeben hat. Neunzehn! Das Grauen!

Aber in der nächsten Spielzeit sind wir wieder alle da im Volksparkstadion und stärken unserer Mannschaft wie ein Mann den Rücken. Der zwölfte Mann eben. Auch wenn die

Uhr nunmehr nur noch anzeigt, wann der Verein, für den unser Herz schlägt, gegründet worden ist. Genauer: Sie zeigt die Zeit in Jahren, Stunden, Minuten und Sekunden – Genauigkeit hat einen Namen, man könnte glatt meinen, man sei im Schwabenländle – an, die seit der Gründung des Clubs am 29. September 1887 ins Land gegangen ist. Wird folglich nie mehr zu schlagen aufhören. So geht und funktioniert Unendlichkeit an der Elbe. Werden wir uns dran gewöhnen müssen. Haben schließlich massig Zeit …

Nur noch dies, und mal ängstlich nachgefragt: Was passiert eigentlich zu Beginn der Saison 2019/20? Wie wird unser Stadion dann heißen? Elbphilharmoniearena oder was?

3.

DIE MANNSCHAFT

Ich hatte lange Zeit eine große Leere in mir, konnte nicht glauben, dass dieser großartige Verein bald in der 2. Liga spielen wird. Aber leider ist das Realität.« Vom wem stammt dieses herzanrührende Statement? Wer weiß es? Na? Keiner? Also gut, ich sag's euch: von Rafael van der Vaart natürlich. Dem hochsympathischen Holländer mit dem leicht heiseren Organ, den Spielmacherqualitäten, dem Instinkt für den entscheidenden Moment, also dafür, sich dort einzufinden, wo es absehbarerweise brennen wird, und der 23 auf dem Trikot. Als er noch für unseren Verein kickte. Zweimal, mit Unterbrechung, wie jeder weiß. Ist ihm nicht gut bekommen, der Abschied von der Alster 2008. Real Madrid? Verdattelte Zeit. England? Genauer: Tottenham Hotspur. Dito. Von 2012 bis 2015 wieder bei dem Verein, dem, wie es scheint, nach wie vor seine Liebe gilt. Und den sich der HSV nur hat leisten können, weil der Kühne erneut seine Spendierhosen anhatte und seine Schatulle sperrangelweit geöffnet hat. Wäre der Toss doch in Hamburg geblieben. Dann wäre vermutlich alles ganz anders gekommen.

Dass mich jetzt keiner falsch versteht. Das mit dem Toss ist mit Liebe gesagt. Oder wenn nicht mit Liebe, dann ist es Ausdruck meiner immensen Sympathie für den kleinen Holländer,

der bei mir mit seinem breiten Grinsen immer wieder das Herz hat aufgehen lassen. Also doch so etwas wie Liebe …

Was hat der torgefährliche Spielmacher außerdem noch zu Protokoll gegeben? Das hier: »Ich trage den Verein tief in meinem Herzen, habe ihm viel zu verdanken. Klar würde ich gern nach meiner aktiven Karriere etwas zurückgeben.« Ich kann dazu nur sagen: Komm zurück in die Stadt an der Elbe, deren Bewohner, sofern sie denn HSV-Fans waren, dich angehimmelt haben. So einen wie dich kann jeder Verein gut gebrauchen. Vielleicht nicht mehr als Aktiven. Mit 35 Lenzen gehört man fußballtechnisch betrachtet dann langsam doch zum alten Eisen. Aber als Ratgeber, als den Mann an der Seitenlinie mit dem intellektuellen Durchblick und der Sympathie im Herzen. Könnte denen, die meinem Verein nach dem Abstieg die Treue gehalten haben, ein leuchtendes Vorbild sein und werden.

Frage: Wer ist noch an Bord (geblieben). Nicolai Müller ist, wie erwähnt, Geschichte. Hunt und Holtby sind dem Rautenclub treu geblieben. Heißt: Das vordere Mittelfeld ist schon mal erste Sahne. Die Torgaranten und/oder Vorbereiter mit der Fähigkeit zum gut getimten direkten Freistoß sind in der kommenden Saison die Leistungsträger. Götoku Sakei, der Spielführer und Abwehrorganisator, wird wohl auch an der Elbe bleiben. Wie es heißt. Jetziger Stand.

Und da beginnt schon das Problem. Denn es ist noch genügend Zeit auf der Uhr, um sich umzuentscheiden und sich auf die Suche nach einem Erstligisten zu machen. Oder ein Erstligist wird bei einem Zweitligisten fündig und schnappt sich die Sahnestückchen, übertragen gesprochen. Ist eben lukrativer und bietet Perspektiven, die den Clubs der 2. Liga prinzipiell fehlen. Es sei denn, es gelingt, was selten genug passiert, einem von den Underdogs der Durchmarsch ins Berliner Olympiastadion. Also das Erreichen des DFB-Pokal-Finales. Was inzwischen allerdings so gut wie ausgeschlossen ist. Weil sich letztlich dann doch die Klasse zweier Erstligisten durchgesetzt hat. Die Bayern spielen gegen … irgendeine andere Erstligamannschaft. – Mein Gott, ist das öde! Wenn man's genau bedenkt. Jedes Jahr das gleiche Szenario. Dabei macht Abwechslung das Leben doch erst so richtig lebenswert.

Also, der Unsicherheitsfaktor muss im Hinterkopf bleiben. Aber auf dieser Basis mal ein Mannschaftscheck unter Vorbehalten.

Von hinten nach vorne: Julian Pollersbeck im Kasten. Kann man drauf aufbauen. Obwohl mir so ist, gehört zu haben, dass es ihn auch in die Ferne zieht. Wohin auch immer. Was ist eigentlich mit Krischan Mathenia? Ach ja, der verduftet Richtung Nürnberg. Ist bereits in trockenen Tüchern. Na ja, eigentlich kein Beinbruch. War unter Titz ohnehin bloß zweite Wahl. Kann, im Fall der Fälle, Tom Mickel, der auch nicht mehr der Jüngsten einer ist, ein brauchbarer Ersatz sein? Leise Zweifel nagen an mir. Muss ich zugeben.

Abwehr: Stephan Ambrosius. Wohlklang. Ein Ohrenschmaus, rein namenstechnisch gesehen. Mir aber vollkommen unbekannt. Hatte der überhaupt schon einen Einsatz? Muss ich passen. Keine Ahnung. Was daran liegen mag, dass der Gute noch keine 20 Jährchen alt ist. Vermutlich so etwas wie eine Nachwuchshoffnung. Der in zwei, drei Jahren der Abwehr Halt geben kann.

Douglas Santos. Wollte der nicht auch schleunigst weg? Stand da nicht sogar der Vorwurf der Arbeitsverweigerung im Raum? Mal kurz überlegt und in mich gegangen. Genau! Der

Linke Verteidiger aus Brasilien hat noch einen Vertrag bis 2021. Bedeutet das was? Pacta sunt servanda, wie das bajuwarische Urgestein Franz Josef zu sagen beliebte. Meistens freilich sind sie das Papier nicht wert, auf dem die Vereinbarungen notiert wurden. – Allerdings, zum Ende der Saison, seit Titz das Kommando übernommen hat, ist der brasilianische Linksfuß regelrecht aufgeblüht und hat von Spieltag zu Spieltag alles gegeben, und, nachdem der Abstieg dann doch perfekt war, sogar Tränen der Trauer vergossen. Also bleibt er uns womöglich doch erhalten. Ich fände das gut, richtig und, ganz wichtig, hilfreich. Sakai und er in der Abwehr. Das gibt schon mal Sicherheit.

Gideon Jung hat einen Vertrag bis 2022. Rechtsfuß. Innenverteidiger. Das mit der vertraglich vereinbarten Bindung an den Verein kann was heißen. Oder auch nicht … Das ist eben, ich wiederhole mich, diese verdammte Unsicherheit. Dass man erst wirklich weiß, wer bleibt, wenn das Transferfenster endgültig geschlossen ist. Und bis dahin ist es eben noch ein Weilchen hin. Grundsolide Planung geht irgendwie anders.

Halt! Jetzt erinnere ich mich, das Folgende irgendwo aufgeschnappt zu haben. Oder in einer Zeitung gelesen zu haben. Nämlich die Namen derer, die auf alle Fälle bleiben (sollen!). Immer diese Vorbehalte. Die letzte Sicherheit kriegste einfach nicht hin.

Also, wie war das noch mal? Gideon Jung bleibt. Douglas Santos auch. Torhüter Julian Pollersbeck dito. Die drei hatten wir bereits. Also gebongt. Vorbehaltlich. Denn Pollersbeck hat eine Ausstiegsklausel zwischen 6 und 9 Mio. Euro. Das ist schon mal wieder gar nicht so gut. Rick van Drongelen scheint der Vereinsführung nicht mehr so richtig ins Konzept zu passen. Wie man hört, sind die Bosse bei einem lukrativen

Angebot gesprächsbereit. Also vorab schon mal gestrichen und aussortiert.

Walace, Bobby Wood, der Unglücksrabe und Chancentod der vergangenen Saison, und Filip Kostic, der ohnehin nicht mehr bleiben wollte, sind definitiv Geschichte. Albin Ekdal hat man dezent bedeutet, dass man seinem weiteren fußballerischen Lebensweg nicht im Weg stehen möchte. Also auch ex und hopp. André Hahn, auf dem so viel Hoffnung ruhte, kehrt sang- und klanglos zurück nach Bayern zum FCA. Bitter irgendwie, dass es auch Luca Waldschmidt in den Süden zieht. Breisgau. SC Freiburg heißt der Verein seiner Wahl.

Die fixen Neuzugänge sagen mir namentlich gleich gar nichts. David Bates komm von den Rangers aus Glasgow an die Elbe. Vermutlich ein beinharter englischer Verteidiger. Manuel Wintzheimer, ausgerechnet ein U19-Spieler der Bayern, ist, vom Namen her, ein sensibler Spielgestalter. Christoph Moritz vom abgestiegenen 1. FC Kaiserslautern – apropos, die Fans der Roten Teufel vom Betze bräuchten jetzt auch dringend einen Mutmacher – klingt nach … gar nichts … Jedenfalls ist mein Ohr für diesen Nachnamen nicht sensibilisiert.

Der ganz spezielle Fall! Tatsuya Ito Der unglaublich wendige und spielfreudige kleine Japaner. Der, ganz wichtig, immer auch einen Blick für seine Mitspieler hat. »Ito war von Ex-Trainer Bernd Hollerbach gewogen und für zu leicht befunden worden. Der Defensiv-Fanatiker konnte mit dem Leichtgewicht nichts anfangen und brachte ihn kaum noch. Hollerbachs Nachfolger Christian Titz setzte dagegen von Anfang an auf den sensiblen Japaner. Der belohnte das Vertrauen mit herausragenden Leistungen. So wurde die linke Seite mit Ito und Douglas Santos bei der leider erfolglosen Aufholjagd am Ende zur Schokoladenseite. Es wäre schön, wenn diese Achse nicht gesprengt würde. Sie wäre ein Faustpfand für die Zukunft und in der 2. Liga vermutlich eines der besten Außenbahn-Duos. Mit ihnen könnte der HSV über links Richtung Wiederaufstieg marschieren.« Meint der Kolumnist Lars Zimmermann. Der mit dem markanten Brillengestell und der Kojak-Frisur. Kann ich mich nur anschließen, und damit ist alles Wesentliche in der Causa linke Außenbahn gesagt.

Lasogga geht übrigens davon aus, in der kommenden Saison wieder für die Rothosen zu kicken. Sprich, bullenstarke Torgefahr zu verströmen. Der Kind gebliebene Haudrauf war mir ohnehin schon immer hochsympathisch. Hatte so was unbedarft Draufgängerisches. Was bei einem Goalgetter kein Schade sein muss. Und ist unverdientermaßen eine ganze Saison lang auf der Ersatzbank versauert, bevor er dann an irgendeinen zweitklassigen englischen Verein, also Leeds United, wenn ich mich nicht irre, ausgeliehen worden ist.

Ich komme zum Ende meiner provisorischen Mannschaftsaufstellung. Und also zu dem Jungstar Jann-Fiete Arp. War, wie man hörte, bei den Bayern fest eingeplant. Um ihn gleich weiter zu verleihen. Nachtigall, ick hör dia trapsen. Das altbewährte Konzept. Dieses Mal aber eine besondere Gemeinheit. Denn dieses Einkaufsgehabe kommt bei mir so an, als würde nach einem, der ohnehin bereits auf dem Boden liegt, noch einmal extra getreten. – Obwohl, wenn ich mich recht erinnere, hat der Youngster selbst frühzeitig betont, dass er, im Falle des Abstiegs, den HSV verlassen möchte. – Also, wie ist der augenblickliche Stand? Moment, ich versuche, mich kundig zu machen …

Hier bin ich wieder. Folgendermaßen. Unter Vorbehalt. Versteht sich. Das Angebot der Bayern steht: Maximal 2,5 Millionen wollen die von der Säbener Straße berappen. Über diese Summe kann der Vorstand des HSV nur müde lächeln. Acht Millionen sollen es, bitte schön, schon ganz gerne sein.

Außerdem soll Celtic Glasgow interessiert sein. Konkurrenz belebt das Geschäft. Könnte den Preis des Stürmers noch einmal in die Höhe treiben. Zehn Millionen oder mehr fest im Blick.

Allerdings: Der blond gelockte Jüngling ist noch bis 2019 an den HSV gebunden. Aber was heißt das schon? Zumal, ich sage bloß Hakan Çalhanoğlu. Ihr erinnert euch?! Tönte groß rum, dass er, komme was wolle, dem Verein seines Herzens die Treue halten wolle. Und dann? Dann hatte er plötzlich nur noch eines im Sinn: nichts wie weg und auf zur Werkself aus Leverkusen. Ein Mann, ein Wort? Denkste! Wo kickt der Knabe eigentlich mittlerweile? Nach seiner halbjährigen Sperre auf Grund irgendwelcher nicht zu durchschauender Vertragsquerelen ist er sang- und klanglos aus der deutschen Fußballszene verschwunden. Ach so. Der AC aus Mailand hat ihn verpflichtet. Na denn, Glück auf auf dem weiteren Lebensweg.

Was sagt Titz zu dem ganzen Gezerre und unappetitlichen Geschacher? Kurz und bündig und mit seinem typischen sympathischen Lächeln in indirekter Rede dies: Er rechne mit Arp zum Trainingsauftakt der neuen Saison. Ganz überzeugt davon scheint er allerdings nicht zu sein. Denn wenn jemand mit etwas rechnet, und womöglich noch ganz fest, dann rechnet er, das zeigt die Erfahrung, eigentlich mit etwas ganz anderem …

Und wenn Jann-Fiete denn unbedingt weg möchte, und wenn die Bayern den Jüngling denn unbedingt verpflichten wollen, sei's drum. Es bringt ja doch nichts, einen Reisewilligen auf Biegen und Brechen halten zu wollen. »Das Beste an

Hamburg ist die Autobahn nach München.« Ein Spruch aus württembergischem Munde. Leicht abgewandelt. Aber immer wieder treffend, wenn sich der Wunsch nach Veränderung in einem kommenden Fußballstar regt. Zwang war noch nie hilfreich, wenn es darum ging, mit Freude das Spielgerät vor sich her zu bewegen. Und im Zweifelsfall sucht so jemand dann sogar den Psychologen auf, um sich von kompetenter Seite bestätigen zu lassen, dass er dem Druck schon längst nicht mehr gewachsen ist …

Aber, genug der Miesmacherei und Arp-bezogenen Problemabwägerei. Geht er? Bleibt er? Will er? Will er nicht? Was sagt der Berater? Was sagt er nicht? Eventuell für noch eine Saison den Club an der Elbe mit seiner Gegenwart beehren? Für länger? Kürzer? Pipapo. Lass fahren dahin. Weil: Planungssicherheit geht anders. Dat dore Hickehackehüh sorgt nur für Unruhe im Verein und bei den Spielern. Und das kann ein Club, der sich in der Phase der auf Zukunft berechneten Regeneration befindet, nun überhaupt nicht gebrauchen. »Eins zwei drei / Hicke Hacke Heu / Hicke Hacke Haberstroh / Vater ist ein Schnitzler wor'n / Schnitzelt mir ein' Bolz / zieh ich mit ins Holz / zieh ich mit ins grüne Gras / Guck, Vatern was ist das? / »Kind, das ist ein weißer Has': / Puff, den schieß ich auf die Nas.«

Fakt ist, dass die für das Aufbauspiel zuständigen Spielerpersönlichkeiten unserem Verein erhalten bleiben. Dass Pierre-Michel Lasogga an die Elbe zurückkehrt. Dass Pollersbeck den Kasten sauber hält. Und Jung und Santos geben dem Abwehrverbund die nötige Sicherheit. Papa bleibt dem Verein ja wohl auch erhalten. Wenn er für irgendetwas gut ist, abgesehen von seiner Kopfballstärke und den Qualitäten eines beinharten Abräumers mit Gelbe-Karten-Garantie, dann, seine Kameraden voranzutreiben und nach dem Kick zum Gyrosverzehr einzuladen. Aber das hatten wir bereits.

Halt! Stopp! Die Meldung kommt gerade rein. Kyriakos Papadopoulos ist seitens der Vereinsführung doch zum Abschuss freigegeben. Sag ich doch, alles ist im Fluss. Bis das Transferfenster geschlossen ist. Mal seh'n, was aus dieser Causa noch wird. Geduld ist die Mutter der Porzellankiste.

Na also und dennoch, das klingt doch gar nicht mal so schlecht und gibt zu den schönsten Hoffnungen Anlass. Ich jedenfalls freu mich schon jetzt auf den Durchmarsch meines Vereins. Das Blöde ist nur, wenn sie nicht den sofortigen Wiederaufstieg schaffen, spätestens dann ist der große Aderlass angesagt …

4.

KÜHNE

Klaus-Michael Kühne, der Edelfan, der mit der Ehrendoktorwürde und, am allerwichtigsten, freigebige Mäzen. Seit 2014 Aktionär der HSV Fußball AG. Hält mittlerweile 20,57 Prozent der Anteile. Will aber seit Neuestem auf 25 Prozent aufstocken. Vermutlich, weil zwei Dezimalstellen hinter dem Komma schwer zu merken sind. Ein Viertel vons Janze. Das ist eine runde Sache und stellt das Gedächtnis vor keine größeren Herausforderungen. Was nicht überall, wie man hört, für Begeisterung sorgt. Vor allem bei dem Neuen beim HSV nicht. Denn die Vereinsführung, die auch immer wieder einmal – ich schönfärbe jetzt – neu aufgestellt wird, stört sich seit Jahren schon unentwegt daran, dass der mit den Spendierhosen für sich so etwas wie ein Mitspracherecht in Anspruch nimmt. Heißt, wissen will, wofür die Asche, die er mal eben so lockermacht, ausgegeben werden soll.

Das Engagement von Dennis Aogo (inzwischen beim VfB), Dennis Diekmeier (seit dem Ende der abgelaufenen Spielzeit auf der Suche nach einem neuen Verein), Paolo Guerrero, Marcell Jansen und Heiko Westermann (die beiden Letztgenannten sind mittlerweile Fußballfrührentner) geht im nicht bloß übertragenen Sinne auf sein Konto. Über den Daumen gepeilt hat er im Laufe von acht Jährchen annähernd 100 Millionen Euro in den Verein seines Herzens hineingepumpt. Sofern ich mich nicht verrechnet und ein paar Millionen übersehen habe. Hat die Rückkehr van der Vaarts an seine alte Wirkungsstätte überhaupt erst möglich gemacht. Und, wie auch bereits erwähnt, unserem Stadion seinen altehrwürdigen Namen wiedergegeben, traditionsbewusst, wie er ist. Jedenfalls für einen Zeitraum von vier Jahren. Die allerdings auch bald abgelaufen sind. Allein dafür gebührt ihm ewiger Dank.

Aber vielleicht verlängert er ja auch sein diesbezügliches Engagement, wenn der HSV in der übernächsten Saison wieder erstklassig ist?! Auch wenn er sich dahin gehend geäußert haben soll, dass ihm sein Geld für eine zweitklassige Mannschaft, HSV hin oder her, dann doch zu schade ist. Die Gerüchteküche brodelt. Wie es in solchen zugespitzten Situationen üblich und gang und gäbe ist. So was wie der dezente Wink mit dem Zaunpfahl, sprich Erpressung, ist auch immer wieder mal mit im Spiel. Um Druck zu erzeugen. Muss man aber nicht unbedingt was drauf geben. Kommt Zeit, kommt Rat. Letztlich sind es doch immer die Fakten, die dem interessierten Beobachter der Szene sagen, wo es lang geht. Also heißt es für uns Fans, sich in Geduld zu üben und sich auf die unmittelbar bevorstehende WM zu freuen. Um nach dem Spektakel und zu Beginn der neuen Spielzeit am 3. August 2018, genau drei Wochen, bevor die Mannschaften der 1. Liga wieder zum Tanz bitten, klipp und klar zu wissen, wo der Hase lang läuft. Oder auch nicht.

Außerdem hat er darauf gedrängt, dass der inzwischen geschasste Markus Gisdol Trainer der Rothosen wird. War, wie man hörte, der Fußballlehrer, dem er am ehesten noch zugetraut hat, unseren Verein wieder zu einem Spitzenclub zu formen. Hat, dazu muss man stehen, dann doch nicht so recht funktioniert. Und der Betuchte hat auch immer wieder seine Meinung kundgetan, welche Spieler zu seinem Verein passen und welche nicht. Kurz und schlecht, es ist und war ein ewiges Kompetenzgerangel um die jeweils richtigen Entscheidungen. So was sorgt für Unruhe. Auch innerhalb der Mannschaft. Und auch eine Äußerung wie die, dass sein finanzielles Engagement beim HSV die schlechteste Entscheidung seines Lebens gewesen sei, wird weder bei der Vereinsführung noch den Spielern für Glücksgefühle gesorgt haben. Wörtlich soll er sich wie folgt geäußert haben: »Rein wirtschaftlich betrachtet, ist der HSV die schlechteste Investitionsentscheidung meines Lebens.«

Und auch solche Statements sind von ihm zu hören: »Ich gehe schon seit Jahren nicht mehr ins Stadion. Da werde ich erkannt und auch oft beschimpft.« Ich kann ihn, der Wahrheit die Ehre, verstehen. Buttert Millionen und Abermillionen in den Verein seines Herzens, und keiner dankt es ihm. Das geht gar nicht. Außerdem, wenn man auf diese pekuniär unterfütterte Art zeigt, wie viel einem an der Mannschaft und ihrem Wohlergehen gelegen ist, dann hat man auch ein gewisses Mitspracherecht. Oder kann es für sich in Anspruch nehmen. Denn so ganz unbeleckt wird der Gute in Sachen Fußball ja auch nicht sein. Zumal er ein gewisses Alter erreicht hat, sprich, sich in der Historie unseres Vereins wahrscheinlich wie kaum ein anderer auskennt. Außer vielleicht Helm-Peter, der ihm in der Hinsicht ein bisschen was voraus haben mag. Und wenn er dann noch verlauten lässt, dass er sich »die Spiele aber immer im Fernsehen« ansieht und dann mitleidet, dann spricht das für sich und erwärmt das Herz all derer, die im Stadion mitfiebern oder -leiden. Je nachdem. Deswegen glaube ich ihm auch nicht, wenn er abschließend einen Rückzieher macht und betont: »Wobei, eigentlich leide ich nicht mehr.« Dementis stehen eigentlich immer für das Gegenteil von dem, was sie dementieren. Ein wenig verquer ausgedrückt. Womit ich sagen will, dass ich es ihm nicht abnehme, dass er nicht mehr am Boden zerstört ist, wenn der HSV die nächste Klatsche kassiert (hat).

Sein Fazit lautet: Im Klub habe er »nicht richtig Einfluss« nehmen können: »Es wurde nicht das richtige Management verpflichtet. Insgesamt ist es eine Schande. Furchtbar für Hamburg.« Das sind klare Worte, keine Frage. Aber noch einmal betont: von einem, dem es ganz offensichtlich nicht schnuppe ist, was aus dem Traditionsclub wird. Vor allem, wenn er dann noch ausdrücklich darauf abhebt, dass es auf Teamfähigkeit nicht bloß im Ballsport ankomme. Wörtlich: »Wie überall im Leben muss man teamfähig sein und nicht nur auf seine eigene Kraft vertrauen.« Kann ich nur unterschreiben.

Und weil das so ist, und auch wenn der Mann hochumstritten ist in der Szene, will ich ihm noch extra meinen Dank aussprechen, indem ich eine Hymne auf ihn dichte. Denn ich bin der Meinung, dass bei denen, die keine Feinde haben, nirgendwo anecken und mit allen gut Freund sind, irgendetwas faul ist. Außerdem: Jemand, der aus tiefinnerster Überzeugung so spendabel wie Klaus-Michael Kühne ist, den sollte man nicht durch Überempfindlichkeiten vergraulen. Denn fest steht, ohne seine Freigebigkeit wäre unser Verein längst abgestiegen. Womöglich sogar drittklassig. Das sollten die Fans und die anderen HSV-Verantwortlichen nie vergessen. Alle anderen Detailfragen können am runden Tisch ausdiskutiert werden. Weil und sofern alle dasselbe wollen, und was ich einmal als gegeben unterstelle, dass der Club mit der Raute ab sofort einer lichten Zukunft entgegensieht und -sehen soll.

Der Kühne

Willst im Fußball du gestalten,
Gilt es schwer auf Draht zu sein.
Denn auch wenn die Fantasie soll walten,
Technik, Können spielt mit rein.

Damit kann der Kühne dienen,
Wie er's oft bewiesen hat.
Nicht allein die Spieler schienen
Ohne seine Tatkraft matt.

Teamgeist ist sein zweiter Name,
Ideen hat er noch und noch.
Die Kohle, die ist letzter Same,
Auch sie ist sein Metier, ja doch.

Flexibilität ist das Gebot
Der Fantasie gar sehr.
Und weil sie ihm auch keine Not,
Fällt sie ihm auch nicht schwer.

Der langen Rede kurzer Sinn,
Bringt auf den Punkt ein Fan:
Ein Mitgestalter bringt Gewinn,
Wenn Kühne er heißt, ja wenn …

Schreck! Der Kühne … weg?! Was ist geschehen? Kurz und präzise dies hier. Zitat: »Investor Klaus-Michael Kühne wird den Hamburger SV zukünftig nicht mehr finanziell unterstützen. Im Interview mit *SPORT BILD* erklärt der 81-jährige Mäzen, der seit 2010 fast 100 Millionen Euro in den Verein investiert hat: ›Ich werde den Verein nicht weiter fördern, weil mein Wunsch, meine Anteile langfristig aufstocken zu können, nicht respektiert wird. Im Augenblick bin ich mal weg und nur noch Fan – das wird sich auch nicht kurzfristig ändern. Dieser Entschluss ist nachhaltig.‹«

Nee, dat glöv ick nich. Deit mie Leed. Dat is Tünkroms und Gedöns, von einem, der, für den Moment, im Schmollwinkel sitzt und das auch mal gesagt haben will. Denn schließlich hat er sich für seinen Verein jahrelang nicht nur finanziell schwer ins Zeug gelegt. Da kann man dann auch verstehen, dass einer von der Enttäuschung überwältigt wird und zu Kurzschlussreaktionen neigt, die er irgendwann dann auch wieder bereut. Um anschließend zur Tagesordnung überzugehen.

Anders und zitatgetreu: im Augenblick … Nicht kurzfristig … Nachhaltig. Entschlossenheit klingt, wie ich finde, irgendwie dann doch anders. Und da zu sagen er auch nicht vergessen hat, dass er den Fan-Status auf jeden Fall aufrechterhalten wird, besteht, meine Meinung, kein wirklicher Grund zur Besorgnis. Nein, ich bin mir sicher, der Kühne bleibt uns allen erhalten! So oder so oder auch so … Kopf hoch, Fans, wir lassen uns nicht ins Bockshorn jagen. Bange machen gilt nicht.

5.

AKTIEN

Es ist immer gut, gute Aktien zu haben. Weiß jeder, nicht bloß die mit den Nadelstreifenanzügen, den stählernen Nerven und dem Riecher für den richtigen Moment auf dem Parkett. Die die Flöhe husten hören. Kaufen. Verkaufen. Immer wieder eine Frage von Millisekunden. Wer springt als Erster auf den Zug auf? Wer weiß etwas, was die anderen nicht wissen? Um im richtigen Augenblick wieder abzuspringen, was die anderen, die weiterfahren, ins Verderben reißt …

Auch auf dem grünen Rasen gilt seit jeher die Devise, dass eine Mannschaft gute Aktien haben sollte. Hat schon fast den Charakter eines Sprichworts. Wenn man keine guten Aktien hat, dann wird's eng. Oder dann ist es zappenduster. Wie gestern bei der Deutschen Fußballnationalmannschaft gegen die Mexikaner. Das waren sogar ausgesprochen miese Aktien. Waren? Nee, die haben jetzt Aktien, die sind sogar noch mieser als mies. 0:1 gegen die aus dem Aztekenland verloren. Ausgekontert worden wie die Anfänger. Fehlpassfestival im Mittelfeld. Ist erfahrungsgemäß immer brandgefährlich, wenn du die Nille an den Gegner in dem Augenblick verlierst, in dem sich die ganze Mannschaft nach vorne orientiert. Sollte unbedingt vermieden werden. Nicht bloß gegen die Nachfahren der Inkas.

Darüber hinaus: Abwehrarbeit partiell eingestellt. Die Innenverteidiger Hummels und Boateng immer wieder allein auf weiter Flur. Kräfteverhältnis 2 zu 4. Oder 1 zu 3. Da kannst du die beste Innenverteidigung der ganzen Welt haben. Und noch dazu einen, der wie kein zweiter Defensivmann weltweit lange, punktgenaue Zuckerpässe quer über das halbe Spielfeld schlagen kann. Wenn vier oder drei zu allem entschlossene Offensivspieler auf dich zu sprinten und ausschwärmen, liegt immer ein Tor in der Luft. Es sei denn, die Chance wird verdattelt, weil unmittelbar vor dem Abschluss die Knie weich werden, und einer der gerade noch unaufhaltsam vorpreschenden Himmelsstürmer seine Zuversicht verliert, und Zweifel an ihm zu nagen beginnen. Er also zu viel Zeit zum Nachdenken hat, die Konzentration für den Bruchteil einer Sekunde flöten geht, und folglich das Leder in die dritte Etage drischt.

Dass der optimal eingestellte Gegner aus Mittelamerika nicht noch mehr Tore geschossen hat, ist, so gesehen, purer Zufall. Und, was am schwersten wiegt, nach 36 Jahren erstmals wieder ein WM-Auftaktspiel vergeigt. Sprich, verloren. Und die Schweden, der nächste Gegner unserer Elf am kommenden Samstag, haben das ihre gegen die Südkoreaner gerade mit 1:0 gewonnen. Sprich, ein Fall von glasklarem Endspiel am Wochenende. Alles reine Nervensache, mag Jogi denken. Ob es ihm in den kommenden Tagen gelingt, die Köpfe seiner Spieler wieder frei zu bekommen? Ich habe da so meine leisen Zweifel, desolat, wie das Gedaddel gestern am späten Nachmittag gewesen ist.

Déjà-vu. Klingt alles verdammt nach etwas, was uns allen bekannt vorkommt. Nach dem jahrelangen spieltechnischen Offenbarungseid unserer Mannschaft, bevor der Erretter gekommen ist. Holtby hat es ja auf den Punkt gebracht: Fußball ist ein Spiel, das Spaß bringen soll. Haben Spiele normalerweise ja sowieso so an sich. Das gestrige hat jedenfalls keinen Spaß gemacht. Vor allem und zuerst der Mannschaft des Titelverteidigers nicht. Die Grün-Weiß-Roten hingegen sind voll auf ihre Kosten gekommen und waren spätestens nach dem Abpfiff extrem gut drauf. Euphorisch gestimmt. Mentaler Ausnahmezustand. Was man verstehen kann. So fair sollte jeder Fan sein, die Leistung des Gegners anzuerkennen. Meine Meinung. Sind jetzt, neben Russland und der Schweiz – nach dem gestrigen 1:1 gegen den Rekordweltmeister Brasilien – der geheime Titelfavorit. Scheint die Meisterschaft der aufmüpfigen Underdogs zu werden.

Aktien. Die des HSV, um zum Eigentlichen zurückzukommen, sind erste Sahne. Weil der Kühne seinen Anteil aufstocken will. Und das beweist uns Fans klipp und klar, dass, aller verbaler Distanziererei zum Trotz, dieser Edelfan sich auch in der kommenden Saison weder mental noch pekuniär von unserem Club zurückziehen wird. Nein, der mit der sperrangelweit offenen Schatulle wird, übertragen gesprochen, am Ball bleiben. Und weiterhin als kernkompetenter Sponsor der Rothosen für die materielle Unterfütterung der Aufbruchstimmung sorgen, die mit dem neuen Trainer bei unserer Mannschaft ausgebrochen ist.

Aber mal angenommen, der Milliardär lässt seiner Drohung Taten folgen, auch da weiß ich Rat. Denn ich habe, spätestens nach seiner manifesten und eventuell unschöne Folgen habenden Unmutsäußerung, einen Entschluss gefasst. Ich werde die Kohle, die der Verkauf dieses Buches einbringt, sofort in den Kauf von Anteilsscheinen stecken. Eine Top-Investition!

Klamme Kasse ade! Sowohl bei mir, als auch bei meinem Verein. Ich will und werde den HSV auch pekuniär unterstützen. Ideelles Engagement, gut und schön. Aber das Mitfiebern und Daumendrücken will auch materiell unterfüttert sein. So erst wird daraus eine runde Sache. Das Honorar für einen Schmöker, der wochenlang auf der *SPIEGEL*-Bestsellerliste auf dem ersten Platz geführt werden wird, wird nicht zu knapp bemessen sein. Auf dieser grundsoliden Basis kann und werde ich beruhigt das Parkett betreten. Es mir in dem einer schöneren Zukunft entgegenfahrenden Zug im Erste-Klasse-Abteil bequem machen. Metaphorisch gesprochen. Ist versprochen. Und diesen Vorsatz sollte sich jeder, der es ernst meint mit dem Wohlergehen der Mannschaft, zu eigen machen und in die Tat umsetzen.

Also Leute, kauft!, das ist die erste Parole, dieses Buch, das euch den Mut zurückgibt. Und mir die Möglichkeit eröffnet, mal so richtig zuzuschlagen und den Rubel anteilsmäßig rollen zu lassen. Und kauft, das ist der Parole zweiter Teil, Anteilsscheine der HSV Fußball AG. Oder umgekehrt. Hauptsache, ihr investiert in Dinge, in die zu investieren sich lohnt. Wandelt in den Spuren unseres Vorbildes Kühne, der bereits vor Jahren begriffen hat, dass moralisches und materielles Engagement Hand in Hand gehen müssen, soll sich, irgendwann, der erhoffte Erfolg einstellen.

6.

RELEGATION

Was beweist die Geschichte der Relegationsspiele der letzten Jahre? Jeder Fan ahnt, worauf ich hinauswill. Nehme ich mal an. Deswegen ein kurzer Umweg, und also ein Blick in die Historie des ungleichen Kampfes um den Platz an der Sonne. Solltet ihr aber doch nicht wissen, welchen Beweis ich antreten will, nun, umso besser. Immer schön die Spannung hochhalten. Auch so ein Prinzip der Ballsportart, der unsere ganze Begeisterung gilt. Auch wenn es in dem Fall etwas anders gemeint ist.

Eingeführt wurde das finale Kräftemessen zwischen dem Drittletzten des Oberhauses gegen den Drittbesten des ersten Unterhauses 1982. Was sich zwischen 1964 und 1974, eine Art Vorgängermodell, in dieser Hinsicht auf den bundesdeutschen Fußballplätzen zugetragen hat, klammere ich lieber aus. Weil ich es nie kapiert habe. Vermutlich, weil ich damals, zu Beginn dieser fußballerischen Abgleicherei, noch zu jung gewesen bin.

Ich war übrigens bereits als sechsjähriger Knirps Fan des Rautenclubs. Damals noch der Farbzusammenstellung des Trikots wegen. Das Rote und das Weiße waren und sind meine absoluten Lieblingsfarben, bis auf den heutigen Tag. Der, der diese Begeisterung losgetreten hat, war mein Alter Herr. Der bei Niederlagen unseres Clubs immer schimpfte, dass es bei den

Jungs an der Einstellung hapere. Kein Kampfgeist, so lautete ein ums andere Mal die Diagnose. Egal aber, ob mein Erzeuger mit dieser Generalaussage den Nagel auf den Kopf getroffen hat oder nicht; ich bin ihm bis ans Ende meiner Tage dankbar für die sportliche Grundeinstellung, die er mir ins Herz gepflanzt hat. Hat meinem Leben auch an den öden Wochenenden einen Sinn gegeben. Der Vorfreude wegen. Und daran hat sich bis heute nichts geändert. Auch wenn der HSV in der kommenden Saison erstmals zweitklassig ist. Und deswegen immer wieder einmal montags am Abend antreten muss. Was, glaube ich, nicht bloß mir überhaupt nicht in den Kram passt.

Einmal sowieso. Dann des Feelings wegen, das sich nicht einstellen will, wenn eine Sportveranstaltung, die seit Urzeiten am Wochenende über die Bühne geht, an den Wochenanfang vorverlagert wird. Jedenfalls partiell. Also für jeweils ein Spiel. Da freut sich unsereins doch bereits auf das nächste Wochenende. So einen Montagabend-Kick kann man doch nicht ernst nehmen. Den will man bloß noch hinter sich bringen. Und mit »man« meine ich jetzt nicht bloß uns, also die Fans, sondern auch die Mannschaften, die von den Entscheidungsträgern des Deutschen Fußball-Bundes an einem Abend zum Tanz gebeten werden, an dem kein normaler Mensch tanzen will. An den Wochenenden ist die Zeit fürs Abhotten in den Discos. Sorry, die Bezeichnung ist, weiß ich von meiner Tochter, nicht mehr zeitgemäß. Also, in den Clubs gibt Mann/Frau sich von Freitag bis meinetwegen Sonntag ein Stelldichein. Aber doch nicht an Montagen. Das geht gar nicht! Und findet trotzdem Woche für Woche statt.

Mein Vorschlag: Wir sollten mal für ein Weilchen diesen Montagabend-Zusammenkünften fernbleiben. Mal sehen, was dann passiert. Eventuell haben die Spielplangestalter dann ein Einsehen und annullieren diese saublöde Verlängerung über das eigentliche Ende hinaus. Weil sie die finanziellen Einbußen als nicht hinnehmbar erachten. Einen Versuch wäre es immerhin wert. In Zeiten von Facebook, Instagram und Twitter sollte das locker zu organisieren sein. Wie Geburtstagsfeiern, bei denen 500 und mehr Leute, die sich zuvor noch nie gesehen haben, auf der Matte stehen, und zwar ohne eingeladen worden zu sein. Hier Tohuwabohu, dort gähnende Leere.

Zurück zum Thema. Relegation. Hatte auf jeden Fall was von höherer Mathematik, wie es in den Sechzigern und frühen Siebzigern zur Entscheidungsfindung kam. Und daran bin wahrscheinlich nicht bloß ich mental gescheitert.

Bevor ich auf das zurückkomme, was ich euch ans Herz legen will, kommt mir aber etwas bei, was mir denn doch das Herz schwer macht. Ich will da gar nichts lange beschönigen. Wenn unsere Mannschaft auswärts spielte – ihr hinterherzureisen auf des Gegners Platz war mir, das muss ich zugeben, dann doch zu kostspielig –, bin ich nachmittags immer aufs Land kajolt. In meinem Golf. Von wegen Autoradio, ihr versteht?! War stets derselbe Ablauf. Ein Café angesteuert. Tass Kaff und 'n Appelkook mit Guss und Sohne. Danach eine Stunde Spazierengehen durch Wald und Feld. Zuvor allerdings das Radio angeschaltet, um einen ersten Eindruck davon zu gewinnen, wo der Hase jeweils vermutlich langlaufen wird im Laufe der nächsten anderthalb Stunden. Ein frühes Tor sorgte für Zuversicht, wie sich denken lässt. Ein Gegentor für ein mulmiges Gefühl in der Magengrube und böse Vorahnungen.

So oder so, das Wandern war nicht wirklich Balsam für die Seele. Der Ruhe des Ambientes wegen. Nee! Mann, was hab ich immer mitgefiebert im Ausschreiten. Kann man so eigentlich nicht sagen. Dazu hätte ich das Handy ja am Ohr haben müssen. Hab ich mir aber verkniffen. Was die Stunde jeweils geschlagen hatte, wollte ich erst wissen, wenn ich, zurück an meiner Schrottkiste, mit zittrigen Fingern wieder das Radio andrehte. Schlusskonferenz. Wenn's ganz dumm lief, war das Spiel meines HSV gerade erst dran gewesen. Dann dauerte es ein paar Minuten, bis sich der Kreis erneut und für all die unentwegt Mitfiebernden zum gefühlt hundertsten Mal schloss, und sich der Reporter in dem »richtigen« Stadion wieder zu Wort meldete. Es sei denn, es war inzwischen ein Tor gefallen. Dann hörte man bereits an der Intensität des Jubels, der im Hintergrund aufbrandete, welche Mannschaft die Pille im gegnerischen Tor versenkt hatte. Hatte die Heimmannschaft getroffen, fiel das Getöse auf den Rängen naturgemäß heftiger aus als im umgekehrten Fall. Deswegen wusste ich, erfahren wie ich im jahrelangen Hinhören war, bereits Bescheid, in welchem Kasten es gerade geklingelt hatte.

Und wenn es kurz vor Schluss 1:0 für oder gegen meinen Verein stand … Mann, was hab' ich, so oder so, Blut und Wasser geschwitzt. Dass entweder noch der Ausgleich fällt, oder dass der knappe Vorsprung über die Zeit gerettet wird. Nach dem Schlusspfiff folgte dann entweder der mentale Fall ins Bodenlose oder der unbeschreibliche Jubel. Tränen flossen in beiden Fällen. Der Freude oder der Trauer. Das Wochenende war entweder gerettet oder für den Arsch. Sorry, Beschönigungen bringen nichts.

Warum ich das alles erzähle? Weil mir, unter dem Gesichtspunkt der Auswärtsspielanteilnahme, das Herz in die Hose rutscht. Darum. Denn wann finden die Zweitligakicks eigentlich statt? Samstags am frühen Nachmittag, wenn ich mich nicht irre. Sonntags dito. Montags am späten Abend. Hatten wir schon.

Was sind denn das für bescheuerte Termine?! Die werfen ja alles Altgewohnte und Liebgewonnene über den Haufen! Da muss ich meinen ganzen Tagesablauf umstellen. Vor allem aber gibt es nur noch ein Flutlichtspiel pro Spieltag. Und das ausgerechnet montags. Wo man doch, das Wochenende liegt hinter einem, gewohnheitsgemäß mit dem, was das Wochenende zum Wochenende macht, bereits abgeschlossen hat. Weil man sich auf das kommende Wochenende freut. Hatten wir auch schon. Musste aber noch einmal gesagt werden. Weil es mir schwer auf der Seele liegt. Denn wir Fans sind nun einmal Gewohnheitstiere. Und jetzt müssen wir unsere jahrzehntelang eingeübten Tagesabläufe einfach so und mir nichts, dir nichts umkrempeln. Das ist wirklich hart. Kann man nicht anders sagen.

Ich krieg die Krise! Daran hatte ich noch gar nicht gedacht, was da in der kommenden Saison alles an Unerfreulichem auf mich zukommt. Auf mich? Nee, auf uns alle. Und woran ich mich nicht gewöhnen will! Auf gar keinen Fall! Das kommt definitiv nicht in die Tüte!

Was hilft dagegen? Na? Bingo! Der sofortige Wiederaufstieg. Und damit bin ich wieder beim Thema.

Relegation. 1982 bis 1991 wurden die Entscheidungsspiele in dem auch heute noch gültigen Modus ausgetragen. Heißt, Hin- und Rückspiele zwischen dem Drittletzten der Bundesliga und dem Drittplatzierten der 2. Bundesliga. Dann 17 Jahre Pause. Warum auch immer. Ab der Saison 2008/09 Rückgängigmachung des vor 17 Jahren rückgängig Gemachten. Klingt kompliziert. Ist in der Sache aber klar. Relegation auf leicht zu kapierendem Niveau die Zweite.

Worauf ich hinauswill?, und damit komme ich auf die Ausgangsfrage zurück und also zum Kern der Sache: Welche Mannschaften haben, in der Hauptsache, diese beiden Spiele in der Summe jeweils für sich entschieden? Richtig. Zumeist die abstiegsbedrohten Erstligisten.

Zugegeben, zunächst ließ sich 2009 der Kräfteabgleich zwischen Ungleichen für den Erstligisten eher nicht so gut an. Energie Cottbus unterlag den Clubberern aus Nürnberg. Dumm gelaufen für die Ostler. Von denen außer Hansa Rostock bis heute eigentlich, wenn ich mich nicht täusche, bloß die hochumstrittenen Leipziger Bullen erstklassig gewesen sind. Beziehungsweise sind. Eine glasklare Benachteiligung der Clubs aus den Neuen Bundesländern. Vermutlich der fehlenden Penunse wegen. Und weil es die Stars aus dem Osten alle in den finanztechnisch lohnenderen Westen gezogen hat. Kann man auch Ausverkauf zu sagen.

Wie ging es weiter? Ich fasse mich kurz. Weil man es kann. Denn lediglich 2012 hat es die Fortuna aus Düsseldorf geschafft, den Erstligisten aus der Hauptstadt, also die Hertha, niederzuringen. 2:1 im Hin- und 2:2 im Rückspiel. Macht in der Summe ein glasklares 4:3. War übrigens ein Wahnsinnskick. Also das Rückspiel. Skandalumwittert. Zweimalige Spielunterbrechung, weil aus den Fanblocks jeweils Bengalos aufs Spielfeld geworfen worden waren. Kurz vor Spielende betraten die üblichen Sicherheitskräfte mit ihren obligatorischen Wauwaus die Szene. Um nach dem Abpfiff die Erstürmung des Platzes zu verhindern. Was nur zum Teil gelang. Denn kurz darauf ging das Tohuwabohu erst so richtig los und nahm Fahrt auf.

Sieben Minuten Nachspielzeit. Wegen der vielen Unterbrechungen von zuvor. Sorgte für ganz miese Laune bei den Düsseldorfer Anhängern. Was also tut man, wenn die innere Unruhe einem den letzten Nerv zu zerreißen droht? Richtig. Man verschafft sich Bewegung, indem man den Platz stürmt. Der Innenraum wurde, noch während das Spiel lief, von Menschenmassen überflutet. Na ja, vielleicht nicht von Menschenmassen und folglich auch nicht überflutet. Aber ein paar Anhänger der Düsseldorfer schafften es schon, in den Innenraum des weiten Runds zu gelangen. Nahmen, wie es sich gehört, am Rand des Spielfelds Platz. Bloß nicht stören, wenn man schon stört, mögen sie gedacht haben. Sonst pfeift der Schiri das Spiel vor dem Ende ab, und der Kick muss wiederholt werden. Nicht auszudenken, wo die eigene Mannschaft doch so gut wie durch ist.

Doch dann nahm die Völkerwanderung doch noch so richtig Fahrt auf. Es waren gut und gern noch eineinhalb Minuten auf der Uhr, da hielt es einige Hundert Fortuna-Fans endgültig nicht mehr auf ihren Sitzen. Die Richtung war durch die wenigen anderen von zuvor glasklar vorgegeben. Bengalos sorgten für Licht und Qualm. Der historische Moment gab einigen den Gedanken ein, sich ein Stück vom Kuchen abzuschneiden, sprich, ganze Fladen aus dem Rasen zu pulen. Nach dem infernalischen Krawall wurde schnell klar, dass mindestens eine Eckfahne aus dem Besitz des Stadioneigners in den eines Fans übergegangen war.

Die Überlegung, die ein bisschen was von der ruchlosen Tat des Mobs verständlich machen sollte, wurde anschließend in den denkerischen Raum gestellt, dass eventuell und möglicherweise einige der Fans einen Pfiff von Wolfgang Stark für den Abpfiff gehalten hatten. Der hatte aber bloß das Spiel erneut unterbrochen und hatte sich gleich darauf vom Acker gemacht. Sprich, war in der Kabine verschwunden. Kein Schiri, kein Spiel. Leuchtete den Aktiven sofort ein. Also machten auch sie sich auf den Weg in die Katakomben.

Ich mach es kurz: Das ging noch einige Zeit so hin und her. Rin in de Kartüffeln, ruut ut de Kartüffeln. Und irgendwann, mit halbstündiger Verspätung, hatte der Wahnsinn dann doch ein Ende. Nachdem noch einmal für eineinhalb Minuten das Spiel angepfiffen worden war. Unvergessen! Und zum Abgewöhnen. Fanbegeisterung hin oder her.

Weswegen ich mich in diesen Erinnerungen verliere? Ganz einfach. Es gibt nämlich immer etwas aus der Historie zu lernen, und das ist kurz und bündig dies: Die fußballerische Qualität der Erstligisten befindet sich auch dann ganz offenbar auf einem höheren Niveau als das der Zweitligisten, wenn es sich um den Drittletzten der 1. Liga handelt. Der Drittbeste der 2. Liga hat denn doch nicht die spielerische Klasse, um diese Doppelkicks in summa für sich zu entscheiden. Wie am Ende der letzten Saison im Kräftemessen zwischen den Störchen aus Kiel und der Werkself aus Wolfsburg wieder einmal zu sehen war.

Und was heißt dies für unseren HSV? Dass sie, ihrer zuletzt wieder gezeigten Erstligaspielqualität wegen, jedem anderen Verein der 2. Liga in der kommenden Spielzeit in jederlei Hinsicht überlegen sein werden. Mit der Ausnahme der Geißbockelf vielleicht, die, das gilt es zu bedenken, zumindest in den 70ern des letzten Jahrtausends so etwas wie ein Angstgegner der Rothosen gewesen ist.

Kurz und knapp und das alles in Rechnung gestellt: In der übernächsten Saison sind die von der Alster und die Domstädter wieder erstklassig. Des Niveaus wegen. Was gilt die Wette?!

7.

HOFFMANN

Bernd Hoffmann. Vollständig Bernd Paul Hoffmann. Das klingt rein namenstechnisch schon mal nicht schlecht. Jedenfalls um Längen besser als Todt oder Bruchhagen, die er – Ergebnis einer Palastrevolution – beerbt hat. Er war, wie es heißt, »wesentlich mitverantwortlich an der vorzeitigen Trennung des HSV vom damaligen Vorstandsvorsitzenden Heribert Bruchhagen sowie vom damaligen Direktor Profifußball Jens Todt«. Todt oder Bruchhagen? Diese Namen erzeugen Gänsehaut bei mir. Kann man das Gruseln von kriegen. Auf jeden Fall ein ganz schlechtes Omen, was sich dann ja auch bestätigt hat.

Ich assoziiere bei dem Nachnamen Hoffmann, was ja auch nahe liegt, Hoffnung. Der mit dem optimistisch klingenden Namen jedenfalls ist seit dem 18. Februar 2018 Präsident des Hamburger SV e. V. Und seit dem 26. Mai 2018 kommissarischer Vorstandsvorsitzender der HSV Fußball AG. Einer, in dessen Händen die Fäden zusammenlaufen. Frei nach dem Motto: Viele Köche verderben den Brei.

Das ist also schon mal gut. Und auch das lässt mich optimistisch in die Zukunft schauen, dass er eine Führungsposition im HSV-Vorstand schon einmal innehatte. Vom 1. Februar 2003 bis zum 31. Dezember 2011 hatte er an der Elbe das Sagen in allen Dingen von Belang. Das heißt zunächst einmal nicht viel. Er kann ja auch eine Fehlentscheidung nach der anderen getroffen haben, sodass seine institutionell abgesicherte Dominanz eher kontraproduktiv war. War sie aber nicht. Ganz im Gegenteil!

Unter seiner Ägide hat der HSV seinen letzten Aufschwung erlebt. Ich nenne nur die drei Namen der letzten Erfolgstrainer meines Vereins. Thomas Doll trainierte die Rothosen vom 18.10.2004 bis zum 01.02.2007. Dann kam der ewig grantelnde Holländer Huub Stevens (vom 02.02.2007 bis zum 30.06.2008). Ein Jammer, dass er, aus privaten Gründen, von sich aus um Freistellung gebeten hat. Schließlich war, der nächste Holländer, Martin Jol vom 01.07.2008 bis zum 26.05.2009 Fußballlehrer des Vereins. Der stets grimmig guckende Wortkarge hat sich nach nur einer Saison gleichfalls auf eigenen Wunsch hin vom Acker gemacht. Obwohl er, Jahre später, in einem Interview etwas hat verlauten lassen, was mein Herz erwärmt. Wörtlich: »Ich hätte beim HSV bleiben sollen.« Ja, das hättest du. Dann wäre vermutlich bereits damals alles ganz anders gekommen, und die vermaledeiten Abstiegsgefahrjahre wären uns allen erspart geblieben. Und nachgeschoben hat er dann noch dies: »Es war eine wundervolle Zeit, neben meiner bei Tottenham die schönste.« Ich könnte heulen …

Drei Namen, drei Erfolgsgaranten. Und alle waren sie unter der Ägide Bernd Hoffmanns in meinem Verein als Cheftrainer tätig. Da hatte einer den Blick für Fußballlehrer, die zum HSV passen. Und er ließ dem Bauchgefühl Taten folgen, indem er die jeweiligen Engagements in trockene Tücher brachte. Chapeau!

Wer spielte in dieser Zeit alles für den HSV? Zuerst und vor allem natürlich Rafa van der Vaart. Mein absoluter Liebling. Unerreicht, der kleine Holländer mit der 23 auf dem Trikot! Aber das sagte ich, glaube ich, bereits. Kann man gar nicht oft genug sagen. Weil es wahr ist. Widerrede? Keine?! Na, denn is ja gut …

Sergej Barbarez (Spitzname Barba). Stefan »Paule« Beinlich. Jérôme Agyenim Boateng. Ja, auch der … Wissen viele wahrscheinlich gar nicht mehr. Obwohl es noch gar nicht so lange her ist, dass er für den HSV aufgelaufen ist. War damals, in jungen Jahren, immer wieder mal für einen Leichtsinnsfehler gut. Bruder Leichtfuß, sozusagen. Hat sich längst erledigt! Der jetzt, gemeinsam mit Mats Hummels, sowohl bei den Bayern aus München als auch in der deutschen Fußballnationalmannschaft als Innenverteidiger der Abwehr auf Weltmaßstabsniveau Stabilität verleiht. Bis auf den Kick von gestern gegen die wie entfesselt aufspielenden Mexikaner, wo irgendwie gar nichts zusammenging, und wo er von seinen Vorderleuten immer wieder mal schmählich im Stich und allein gelassen wurde.

Khalid Boulahrouz, ebenfalls ein beinharter Holländer. Guy Roland Demel. Für einen Verteidiger verfügte der Knabe über eine Technik und einen Spielwitz, die mich damals beim Zuschauen immer wieder laut auflachen ließen. Mann, war der Typ knorke! David Jarolím, der Mannschaftsführer, Dauerläufer und der mit dem Kultstatus. Weil auf ihn Verlass war, wie auf kaum jemanden sonst. Weil er sich reinhängte, komme was wolle. Weil er der optimistische Typus war. Der Tscheche mit Defensiv- und Offensivqualitäten. Sozusagen die geborene Nummer 6. Spielte von 2003 bis 2012 für meinen Verein. 257-mal in der Bundesliga. Alle Achtung und Chapeau! Können nicht viele von sich sagen.

Ach ja, und noch dies bei dieser Gelegenheit. Weil das Statement den Nagel auf den Kopf trifft. Weil sich einer über die

Zukunft des HSV geäußert hat, der es wissen muss. Kein tristes, miesmacherisches Rumgenörgel, wie man es landauf, landab zu hören bekommt von solchen, die sich, wieso auch immer, für kompetent und extrem gescheit halten. Es gibt halt immer welche, die es sich in ihrer vorgefassten Meinung, indem sie sich gegenseitig kameradschaftlich auf die Schultern klopfen, bequem machen. Und denen, die von ihrem Verein aus wahrer Herzenswärme nicht lassen wollen – und zu denen zähle ich mich, ganz egal, was kommt –, ganz einfach, und so geht hochmütige Arroganz, ein Mitspracherecht verweigern. Hohn und Spott. Vom hohen Ross herab. Kann ich mit leben. Perlt vielleicht nicht ganz und gar ab, aber bereitet mir auch keine schlaflosen Nächte. Nee, das denn doch nicht. – Sondern, zurück zum Eigentlichen, also zu dem Identitätsstifter Jarolím und seiner fundierten Art, Mut zu spenden. Hoffnung entfachende Perspektivthesen sind im Angebot von einem, der, aus grundsolider Sympathie, sein Herz sprechen lässt. Und dabei auch seinen Kopf betätigt. Sozusagen.

Also, was spricht der »Marathonmann«? Das Folgende. »Das Kardinalproblem war aus meiner Sicht, dass starke Leute gefehlt haben. Dabei geht es nicht um große Namen, sondern um Persönlichkeiten, die Mut und Konsequenz verkörpern. Der HSV ist kein einfacher Verein, in dem immer schon viele Kräfte gewirkt haben, da bedarf es absoluter Führungsstärke.« Wie geht es weiter? So: »In Bernd Hoffmann sehe ich eine solche Figur. Es geht nicht darum, ob man ihn mag oder nicht, sondern darum, was er macht. Er hat sich nie gescheut, Entscheidungen zu treffen, das wird dem HSV auch jetzt guttun. Ebenso entscheidend ist der Trainer. Bei eigentlich keinem zuletzt war eine Entwicklung zu erkennen, bei Christian Titz haben wenige

Wochen gereicht, dass ich als Außenstehender beim Blick auf den Platz sehen konnte, was er vorhat. Beide sind Mutmacher.« Sag ich doch und ganz meine Rede.

Weiter in der vorwärtsweisenden Rückschau nach diesem wirklich kraftspendenden Mutmacher. – Nigel de Jong, die andere Nummer 6 aus Holland. Der bullige Abräumertypus. Aber torgefährlich. Ich erinnere nur an seine enorme Kopfballstärke. Mehdi Mahdavikia, der Midfielder aus dem Iran. Acht Jahre bei dem Rautenclub und so etwas wie die vorderasiatische Variante des anderen Publikumslieblings Jarolím. Joris Mathijsen, ein holländischer – schon wieder! – Innenverteidiger auf Weltklasseniveau. Sein Stellungsspiel ... Unvergessen! Piotr Artur Trochowski, die andere Nummer 10, der allerdings hart daran zu beißen hatte, dass Rafa ihm stets noch einen Tick über war. Konnte sich folglich beim HSV nicht wirklich voll entfalten. War immer so etwas wie der zweite Mann hinter dem quirligen Holländer. Daniel Van Buyten. Erneut einer aus dem Land der Tulpen. Nee! Falsch geraten. Ist ein gebürtiger Belgier, Sohn eines belgischen Berufscatchers. Was man ihm, tut mir leid, dies sagen zu müssen, auch irgendwie ansah. Nichts für ungut, lieber Daniel! Die Position des Innenverteidigers jedenfalls hast du mit großer Souveränität und einem Wahnsinnsblick für die Situation ausgefüllt. Gefahrenmomente rechtzeitig erkennen und entsprechende Gegenmaßnahmen einleiten. Darin warst du groß. Von deinem körperlichen Einsatz ganz zu schweigen. Da beißt die Maus keinen Faden ab. Blöd nur, dass du bereits nach zwei Jahren zu den Bayern gewechselt bist. Das hätte nicht sein müssen. Aber es zeigt immerhin, was man ohnehin längst weiß, dass die in der Säbener Straße ein Gespür für Qualität haben. Hat auch nicht jeder.

Habe ich jemanden vergessen? Ich glaube nicht. Und, ich sage es noch einmal, diese Fußballcracks haben alle unter der Oberaufsicht von Bernd Hoffmann ihr Bestes für den Verein gegeben. Sodass der HSV in der Saison 2008/09 – ich beginne hinten und gehe nach vorne (oder umgekehrt) – am Ende auf dem 5. Tabellenplatz landete. Damit hatte sich mein Verein gleichzeitig für den UEFA-Pokalwettbewerb qualifiziert. Die 45. Bundesliga-Saison 2007/08 beendete der HSV auf dem 4. Tabellenplatz und qualifizierte sich damit erneut – kann man so, bei der Reihenfolge, eigentlich nicht sagen – für den UEFA-Pokal. Zwar ein absoluter Fehlstart in die Bundesliga-Saison 2006/07. Nach der Winterpause wurde Trainer Doll entlassen. Wer war der Retter aus der Not? Na? Exakt. Huub Stevens führte das Team noch auf den 7. Tabellenplatz. Und, last but not least, in der 43. Bundesliga-Saison 2005/06 erreichte der HSV am Saisonende den 3. Tabellenplatz und qualifizierte sich folglich für die Champions League.

Na, ist das was? Eine einzige Erfolgsgeschichte. Und alles unter der »Vorherrschaft« von Bernd Paul Hoffmann. Deswegen bin ich mir sicher, dass mit diesem Mann an der Spitze fortan alles wieder in die richtige Richtung läuft. Also zurück ins Oberhaus.

Aaaaber! Ein kleiner Wermutstropfen bleibt: Hoffmann liegt, wie man hört, mit Kühne über Kreuz. Die Anteilsscheindiskussion sorgt für dicke Luft. Die Aufstockungsgelüste des Milliardärs kommen bei dem Mann an der Vereinsspitze nicht so gut an. Weswegen er sich quer gestellt hat. Was wiederum dem anderen die Zornesröte ins Gesicht steigen ließ. Das ist nicht gut! Wenn die, die das Sagen wo und unter welchen Umständen auch immer haben, nicht miteinander können, sich womöglich sogar in aller Öffentlichkeit anfeinden, dann ist Landunter angesagt.

Deswegen mein Tipp: Unter gestandenen Männern, die doch letztlich dasselbe wollen, muss es möglich sein, sich zusammenzusetzen und die Differenzen auszuräumen. Zum Wohle des Vereins. Und nur zum Spaß einmal laut nachgedacht: Wie wäre es, wenn Krischan Titz, der Gesalbte, die Rolle des Mediators übernimmt? Dann kann eigentlich nichts mehr schiefgehen, und die zwei Streithähne verlassen als beste Freunde den Ort der Klausur, also der inneren Einkehr …

8.

HERMANN

Alle Nicht-HSV-Fans fragen sich jetzt bestimmt: Wer oder was ist Hermann? Antwort: das Maskottchen unseres Vereins. Was denn sonst?! Also der Dino, der jetzt ein Ex-Dino ist. Was natürlich Blödsinn ist. Denn, wie gesagt, ein Dino ist man selbst dann noch, wenn man, irgendwie und aufgrund nicht vorherzusehender Katastrophen-Ereignisse, in *dem* Sinne zu existieren aufgehört hat. Anders gesagt: Auch ein Ex-Dino bleibt das, was er vor dem Ex-Ereignis gewesen ist: ein Dino. Punkt.

Also Hermann. Wer oder was ist Hermann im Detail? Er ist derjenige, der unsere Mannschaft stets begleitet hat. Und weiterhin begleiten wird. Also der, der für unverwüstlichen Mut und, aller miesen Erfahrungen zum Trotz, gute Laune steht und für sie sorgt. Immer den Daumen oben, selbst wenn die Spieler nach der nächsten Niederlage die Köpfe hängen lassen und wie Geprügelte vom Platz schleichen. Ein Mutmacher eben, der mit den Rothosen durch dick und dünn geht. Das ist Hermann.

Und er ist, jetzt folgt so etwas wie ein Einblick in das Seelenleben unseres Maskottchens, noch vieles mehr. Geboren am 24.03.2003. Also, der Dino-Hermann, versteht sich. Hermann im Wandel der Zeiten, der sich und seiner optimistischen Grundhaltung allenthalben treu geblieben ist.

Er wohnt wo? Blöde Frage. Im Volksparkstadion selbstredend. Wo denn sonst?! Sein Beruf ist seine Berufung. Ein Maskottchen eben.

In der Höhe misst Hermann, wie es sich für einen Dino gehört, über zwei Meter. Trotzdem, ein Baby-Dino, eigentlich. Der noch wachsen wird und kann, wie unser Verein. Der also noch Luft nach oben hat. Ein wandelndes Symbol für das, was kommen wird, und was die Zukunft bereithält.

Und weil Hermanns Leib- und Magenspeise, wie ich es selbst aus seiner Schnauze erfahren habe, italienische Pizza ist, hat er eine leichte Neigung zur Übergewichtigkeit. Kann man das so sagen? Egal. Was ich damit sagen will: Hermann ist eben gewichtig im Sinne von bedeutend, und dazu passen etwas umfänglichere Proportionen auf jeden Fall besser, als wenn er ein magerer Hering wäre. Spannenlanger Hansel? Quatsch! Hermann ist eine männliche nudeldicke Deern.

Dass *Hamburg, meine Perle* sein Lieblingssong ist, na ja, über Geschmack lässt sich bekanntlich trefflich streiten … Ich bin der Meinung, dass es eine Hymne auf unseren Verein gibt, die viel aussagekräftiger ist als dieser etwas allgemein und holzschnittartig geratene Singsang ohne Schmunzelaspekt. Genaugenommen sogar zwei. Ich sage nur reloaded …

Dass seine Lieblingsfarben allerdings Blau, Weiß und Schwarz sind, kann ich wieder voll unterschreiben. Ergänzt um Rot und Weiß, natürlich. Da hat Hermann etwas mitzuteilen vergessen. Kann passieren, er ist schließlich auch nur ein Dino.

Dass Hermann besonders auf Torhüter steht, hat vermutlich damit zu tun, dass er, wie weiland der Rehhagel, als Spielsystem die kontrollierte Offensive favorisiert. Frei nach dem Motto: die Null muss stehen.

Hermann hat auch Hobbys, wie es sich für einen Jung-Dino gehört. Welche das sind? Meinen Club Woche für Woche anfeuern, rumalbern, mit Kindern tollen. So ungefähr steht es geschrieben, Und so wird es dann ja wohl auch sein.

Unter dem moralischen Gesichtspunkt gibt es etwas, was er gar nicht leiden kann: Ungerechtigkeiten, also beispielsweise, wenn der Schiri ein Spiel verpfeift, bloß weil der Gegner aus München kommt und was gut hat bei dem Mann mit der Pfeife.

Jetzt wird's ganz persönlich, geradezu traurig. Hermanns Vorbild und Namensgeber ist Hermann Rieger, der am 18.02.2014 verstorbene Kultmasseur der Mannschaft. Der 1978 von keinem Geringeren als dem damaligen HSV-Manager, Frauenschwarm und hochintelligenten Fußballfachmann Günter Netzer, also dem Blonden mit dem Gespür für das Besondere im Menschen, verpflichtet worden ist. Deswegen heißt Hermann ja auch Hermann. Klaro!

Zu guter Letzt? Was wird Hermann nie vergessen? »Die tolle Stimmung beim Spiel gegen Bayern München, als ich 2003 im Volksparkstadion aus dem Ei geschlüpft bin.«

Hermann, so viel ist klar, ist und bleibt der Unverwüstliche. Oder, wie es Bernd Hoffmann auf den Punkt gebracht hat: »Den Dino haben Generationen von Kindern so lieb gewonnen, den stelle ich unter Artenschutz.« Generationen? Na ja, auch und selbst der Hoffmann ist halt bloß ein Mensch. Der im Überschwang ab und an übers Ziel hinausschießt. Und außerdem, dass er begeisterungsfähig ist wie ein Kind – jung geblieben eben –, das spricht schon mal extra für ihn. Ein Grund mehr, den Neuen an der Spitze des HSV gleich mit ins Herz zu schließen. Wie ich es bereits getan habe.

Und weil alles so bleiben wird, wie es war und ist, ist Hermann der Garant dafür, dass die 2. Bundesliga den HSV nur für eine Saison zu sehen bekommen wird. Zu Beginn der Saison 2019/20 ist der HSV wieder erstklassig. Was, übertragen auf die Dino-Thematik, bedeutet, dass der Ex-Dino dann ein Ex-ex-Dino gewesen sein wird. Ein Dino eben. Weil, eine doppelte Negation ist, das lehrt die Logik, eine Position.

9.

DINO-DUELL

Zugegeben, ist ein kleiner Etikettenschwindel. Denn die Arminen von der Bielefelder Alm – ob es die und also die Stadt Bielefeld überhaupt gibt, darüber wird seit Generationen bundesweit gestritten; es gibt einige Pros und etliche Kontras in der Causa Bielefeld … – waren nie Dinos. Von was auch immer. Eher so etwas wie die klassische Fahrstuhlmannschaft. Hoch. Runter. Noch weiter runter. Wieder hoch. Letzte Saison haben sie knapp die Relegation verpasst. Platz 4 nach dem letzten Spieltag. Knapp? Na ja, bis zu den Störchen aus Kiel, die auf Tabellenplatz 3 landeten, betrug der Abstand immerhin schlappe 8 Punkte. Von der Tordifferenz rede ich gar nicht. Oder doch. Die aus dem hohen Norden hatten exakt 20 Tore mehr geschossen und drei weniger kassiert. Ergibt in der Summe eine Gesamttordifferenz – ein Wort für Scrabble-Freunde – von 23. Übrigens meine Lieblingszahl. van der Vaart, ihr erinnert euch?

Also, die Arminen von der Alm. Warum befasse ich mich überhaupt unter dem Hoffnungsschimmergesichtspunkt – schon wieder Scrabble – mit diesem Paternoster-Club?! Weil, Grund Numero eins, dieser Verein auch ein Traditionsverein ist, selbst wenn es ihn nie gegeben haben sollte. Weil, Grund Numero zwei, es also in der kommenden Saison zu so etwas wie einem Dino-Duell kommen wird. Vorausgesetzt, man ist nicht übergenau oder pingelig. Und weil, gaaanz wichtig, diese beiden Vereine etwas verbindet: ein unentwegtes Hin und Her hinsichtlich der Transferpolitik. Das sind der Gründe genug, auch auf diesen Graue-Maus-Club – nicht böse sein, Fans von der Alm – die Aufmerksamkeit zu lenken.

Kurz ein paar Infos zur Historie. Zuvor aber noch dies. Die Vereinsfarben? Schwarz, Weiß und Blau. Was sagt uns das? Bingo. Die unseres Vereins. Das verbindet schon mal.

Haben in der Summe 17 Jahre in der 1. Fußballbundesliga gekickt. Nicht im Stück natürlich. Gestückelt. Zuletzt von 2004 bis 2009. Ist, zugegeben, schon ein Weilchen her. Zwischenzeitlich waren sie sogar bloß drittklassig. Mit den Clubberern teilen sie »sich den inoffiziellen Titel des Bundesligarekordaufsteigers«, wie es heißt. Kann man gerne drauf verzichten. Denn wer x-mal aufgestiegen ist, der muss, das sagt erneut die Logik, zuvor x-mal abgestiegen sein. Fehlt bloß noch, dass Friedhelm Funkel in der einen oder anderen Richtung verantwortlich zeichnete. War aber nicht so, dies zur Klarstellung. Damit keiner sich gekränkt fühlt … Jedenfalls zwischen 2009 und 2015 hieß es zweimal 3. Liga und retour. Nichts für Menschen mit einem empfindlichen Magen.

Ihr Stadion heißt inzwischen SchücoArena. Das Grauen! Schoko-Arena, oder was? Bielefelder Alm, das passt!

Das muss hinsichtlich der Historie reichen. Die Arminen sind schließlich nicht meine Baustelle. Meine Baustelle ist der HSV. Ihm gilt letztlich meine ganze Aufmerksamkeit. Und jetzt passt auf!

Wer hat alles sowohl für den »richtigen« wie den »falschen« Verein gekickt? In alphabetischer Reihenfolge eine kleine Auswahl: Jörg Bode (sein Spitzname ist übrigens Jockel), Detlev Dammeier, Thomas von Heesen, Uli Stein, Bernd Wehmeyer, Heiko Westermann. Da kommt einiges an spielerischer Qualität zusammen.

Und auch, dass der ehemalige Hamburger Benno Möhlmann, der ja auch von 1992 bis 1995 meinen HSV trainiert hat, dem Verein aus dem Westfälischen fünf Jahre später als Fußballlehrer die Richtung vorgegeben hat, verbindet mental. Wie schließlich auch, dass der zweimalige Trainer des HSV, Bruno Labbadia, in der Saison 1998/99 zum Ende seiner Kariere als Aktiver für die Arminen in der 2. Liga 28 Treffer erzielt hat. Brachte ihm den Titel des Torschützenkönigs in diesem Jahr ein. Nicht schlecht und alle Achtung!

Und diese beiden Clubs, die auf personaltechnischer Ebene seit geraumer Zeit miteinander verbandelt sind, kreuzen in der kommenden Saison in der 2. Liga die Klingen. Übertragen gesprochen. Tradition trifft auf Supertradition. Und dass das so sein wird, das entschädigt uns Fans dafür, dass für ein Jahr das Nord-Derby und der Nord-Süd-Gipfel ausfallen werden. Obwohl, kleine Vorausschau, das mit dem ausfallenden Nord-Derby, also dem Kräftemessen mit den Werderanern aus Bremen, stimmt so nicht ganz. Denn stattdessen gibt es gleich 2 mal 2 Nord-Derbys. Heißt, 100 Prozent mehr Derbys an der Zahl als in der 1. Liga. Und zwar gegen die Störche aus Kiel und, gaaanz wichtig!, gegen den Kiez-Club aus meiner Stadt. Sprich den FC St. Pauli. Also nicht mehr und nicht weniger als ein Stadt-Derby. Die Sankt Paulianer werden wir zweimal vernaschen. Freu ich mich jetzt schon drauf, auf deren bedröppelte Gesichter, wenn sie nach der Doppelpackung jeweils vom Platz schleichen.

Und noch etwas entschädigt uns. Dass in der 2. Liga mittlerweile noch ein paar andere Traditionsclubs daran arbeiten, den Wiederaufstieg zu schaffen. Wer das alles ist? Aufgepasst: VFL Bochum (eine andere Fahrstuhlmannschaft). MSV Duisburg (die Zebras). FC St. Pauli (der Erzrivale aus dem »Schmuddelbezirk«). Dynamo Dresden.

Da kommen schon ein paar Spiele zusammen, auf die zu freuen sich für uns Fans auf jeden Fall lohnt. Auch wenn klar ist, dass den Rothosen unter dem alles entscheidenden Gesichtspunkt spielerischer Qualität keine der genannten Mannschaften auch nur annähernd wird das Wasser reichen können.

10.

MAGENTA

Magenta, ist das eine Farbe?
Ja, das ist sie wohl.
Hat was von 'ner blutgen Narbe,
Oder rotem Kohl.

Telekom, ick hör dia trapsen,
Jahre ist es her.
Ullrich Jan tat damals japsen,
Alpe d'Huez, wie fiel's ihm schwer.

Im Radsport mag man's noch verstehen,
Wenn sehen man muss es.
Beim Fußball kann ich's nicht mehr sehen,
Bedeutet seelschen Stress.

Das jedenfalls ist meine Meinung,
Wenn an den HSV ich denk.
Hat was von 'ner Steingung,
Ein doofes Gastgeschenk.

Denn ein Dress mit dieser Tönung,
Bringt dir nie Gewinn.
Ist vielmehr 'ne volle Dröhnung,
Die Punkte, die sind hin.

Der Gegner lacht sich eins ins Fäustchen,
Wenn auf dem Platz sie stehn.
Es ist wohl nur ein elends Häufchen,
Da hilft auch gar kein Flehn.

Ein blaues Leibchen ginge ja noch,
Auch wenn es draußen heiß.
Bestehen allerdings bleibt doch,
Trikot wie Pommes rot-weiß.

Wie's weiland noch der Seeler trug,
Der Kaltz, der Keegan, Butt.
Der Dörfel, als Flanken gottgleich er schlug,
Und Hrubesch mit dem Dutt.

Doch nein, getäuscht hab ich soeben mich,
Es war der Dieter Höneß.
Die Klubberer, die ärgerten sich,
Der Turban war was Schönes.

Für die Bayern, ja, das ist doch klar,
Doch was geht uns das an?
Der HSV spielte immer wunderbar,
Wenn rot-weiß der Kick begann.

Drum haben Fans nur eine Bitte,
Es ist so leicht getan.
Hinfort mit der Blütenfarbe der Quitte,
Rot-Weiß steht auf dem Plan.

Dann werden wieder siegen wir,
Das weiß ich ganz genau.
Dann winkt der Aufstieg jetzt und hier,
Mein Hamburg ist nicht mehr grau.

11.

HELM-PETER

Eins ist sonnenklar! Wir haben bundesweit den ulkigsten Fan. Nicht böse sein, Helm-Peter, ich verehre dich! Absoluter Kultstatus. Wie du Spieltag für Spieltag die neun Endergebnisse mit dieser nuschelig-rauen Plattstimme des Urelbstadtbewohners und einem Augenzwinkern prognostizierst, das hat Klasse und zeugt von fußballerischer Kernkompetenz. Verfügst halt, wie kaum ein anderer aus der Szene, über jahrzehntelang gewachsene Erfahrungen. Wenngleich, kleine Einschränkung, ich denn doch sagen muss, dass du hin und wieder ein bisschen zu optimistisch bist. Nämlich hinsichtlich der jeweiligen Ergebnisse unseres Vereins die Neigung hast, die Zukunft ein ganz klein wenig zu rosig zu sehen. Bist halt vom Helm bis zu den blauen Stutzen mit der Raute der Ultra unter allen Fans.

Wer einen Sonderstatus hat, darf mit seiner Meinung auch aus der Reihe tanzen. Zumal du in aller Regel mit deinen Prognosen richtig liegst. Jedenfalls, was all die anderen Vereine betrifft. Weil es dir, Un- und Überparteilichkeit schärft das Denkvermögen, bei den Kicks, in die unser Verein jeweils gerade nicht involviert ist, schnurzpiepegal ist, wer als Sieger den Platz verlässt. Es sei denn, es handelt sich um einen oder mehrere Konkurrenten in Hinblick auf den Nichtabstieg. Da verfällt jeder unwillkürlich in eine eher parteiliche Sicht der Dinge.

Also, du hast mein vollstes Verständnis, wenn die Pferde ab und zu mit dir durchgehen, und man insgeheim bei sich denkt: Ohauehaueha, ob der Peter mit dem Tipp wohl richtig liegt?! Ick glöv dat nich ... Trotzdem, es ist ein besonders feiner Zug von dir, dem »normalen« Fan schon im Vorfeld den Glauben an die nächsten drei Punkte irgendwie plausibel zu machen. So, wie du es vorträgst, beruhigt das Gesamtpaket auf alle Fälle die angekratzten Nerven.

In eigener Sache gesprochen: Wenn's schon auf dem grünen Rasen nicht golden ausschaut, dann lässt du allein durch die Art, wie du dich über die wenigen Stärken und vielen Schwächen der anderen Mannschaften im Allgemeinen und unseres HSV – unter umgekehrtem Vorzeichen, versteht sich – im Besonderen auslässt, ein Lächeln der Seligkeit über mein Gesicht huschen. Ich möchte mich bei dieser Gelegenheit mal ganz persönlich und mit einem festen Händedruck unter Männern bei dir bedanken! Weiter so, und bleib für uns alle am Ball.

Da kommt mir etwas bei. Eine Frage, die mir unter den Nägeln brennt. Bleibst du mir, also uns, auch in der 2. Liga erhalten? Ich bete darum, dass es so sei. Religiöse Gefühle überkommen mich. Wie wird mir? Geradezu feierlich. Denn wenn jemand den Kopf, allen Pleiten und Pannen zum Trotz, oben hat und behält, dann du. Gerade deswegen bist du ja unser aller Vorbild. Weil du verhindern hilfst, dass der »normale« Fan von Depressionen überwältigt wird oder gar, so, wie die Dinge in der letzten Saison schlussendlich gelaufen sind, suizidgefährdet ist.

Wäre mal interessant herauszufinden, wie vielen HSV-Fans du mental und emotional wieder auf die Beine geholfen hast.

Kommen vermutlich etliche Tausend zusammen. Schätze ich mal. Helm-Peter, der Lebensretter. Einer deiner vielen Ehrentitel.

Wer du bist? Für all jene, die in nicht zu rechtfertigender Weise die ganze Zeit nicht wissen, von wem die Rede ist, ein paar lebenspraktische Eckdaten. – Den folgenden Passus können alle eingefleischten HSV-Anhänger getrost überspringen. Weil sie dich aus dem Effeff kennen.

Helm-Peter ist HSV-Fan. Das hatten wir bereits. Er ist seit Urzeiten Zaungast. Hamburger Urgestein. Grauhaarig (vermutlich seit seiner Jugend), schnauzbärtig (dito). Spekuliereisen auf der Nase. Zeigt den Denker unter dem blauen – versteht sich – Helm. Blauer Schal mit der Raute. Ohnehin: Blau ist seine Lieblingsfarbe. Und Schwarz. Und Weiß. Und Rot. Steht für kompetente – mit Einschränkungen, von wegen die Parteilichkeit – Spieltagsanalyse im Vorhinein. Er hält nie mit seiner Meinung hinterm Berg. Weswegen er längst in die Sphären des Öffentlich-Rechtlichen vorgedrungen ist. War beispielsweise Gast bei Stefan Raab und beim NDR.

Aber jetzt kommt's. Helm-Peter kennt nicht bloß seinen Verein hoch und runter. Nee, der weiß auch über die anderen Clubs und ihr Innenleben top Bescheid. Wahrscheinlich steckt er alle wirklichen oder vermeintlichen Fußballdurchblicker und Möchtegerntrainer locker in die Tasche. Ob er was zur Hertha, zu den Frankfurtern, den Knappen, den Bayern oder welcher Mannschaft auch immer sagt, es kommt klar rüber, keine langen Faxen, und ist, auf seine unverwechselbare Art, urig-komisch. Ein Mann mit dem Herzen am rechten Fleck. Und der Kernkompetenz. Wie gesagt. Kann man gar nicht oft genug sagen.

Würde ich nicht dieses Buch schreiben, das uns allen wieder Mut machen soll, dann müsste eigentlich Peter den Job übernehmen. Wenn der aus dem Nähkästchen plaudert, da bleibt kein Auge trocken. Und du, also ich, bist permanent am Nicken, weil du denkst, Mensch, der Gute hat ja so was von recht. Und dass ich noch nicht selbst darauf gekommen bin. Ein fußballerisches Näschen vom Feinsten eben.

Peter war übrigens, und da können wir alle ihm bloß zustimmen, spätestens im Laufe der zweiten Halbserie von einigen Spielern tief enttäuscht und hat vor laufender Kamera gedroht, bei einem Abstieg andere Seiten aufzuziehen. Das klingt nicht gut! Am 03.03.2018 ließ er sich wörtlich wie folgt vernehmen, geradezu wutentbrannt: »Aber zum HSV möchte ich jetzt noch mal was sagen. Die Spieler, die sich immer totlachen beim Training, wenn sie mich sehen, die werden sich noch wundern. Wenn wir in die Grütze gehen, wenn wir absteigen, denn meldet sich Peter zu Wort in der Öffentlichkeit. Da können sie aber Gift drauf nehmen. Da können sie jetzt schon einen drauf lassen. Es sind nicht alle so, aber viele Leute haben das Ding schon abgehakt in meinen Augen. So seh ich das. Das ist mir zu wenig Einsatz. Viel zu wenig Einsatz auch beim Training. Nich, also es gibt Leute, die spielen mit Alusohlen« – wenn ich den in Rage geratenen Peter an dieser Stelle richtig verstanden habe; kann dafür aber leider keine Gewähr übernehmen … – »,und dann lässt er sich auch noch das Schienbein kaputt haun und hat keine Schienbeinschoner um. Das ist kein Profi, das ist für mich Kindergeburtstag in meinen Augen. So seh ich dat …« Jo, mien Piet, so is dat! Kanns mol kieken, wat allns to seggen is, as een Kerl mit dat Hart anne rechten Fleck wat secht. Bloß kein Aggewars, sondern zielsicher drauf zu.

Und die Fans, was sagen sie zu Uns-Peter? Folgendes und eine kleine Auswahl: »Jeder, der über Peter lacht, wird aus der Stadt gejagt!« – »Er hat einfach nur recht, was den HSV angeht.« – »Ich mag dich, Peter!!!! Gruß aus Köln.« – »Aaaaach herlich mensch solche Fans sind einfach nur erste sahne, das sind die die den Fußball ausmachen, klasse!« Sprachlich zwar nicht ganz astrein, lieber Arne Voigt, aber in der Sache bin ich voll bei dir. Und das bestätigt noch einmal das, was ich zu Beginn über Helm-Peter gesagt habe. Du bist das Beste am ganzen HSV. Jedenfalls dann und so lange, solange es so beschissen läuft und gelaufen ist, wie nicht bloß in der letzten (Abstiegs-) Saison.

Deswegen meine inständige Bitte, dass du dem Verein und uns Fans auch in der 2. Liga Woche für Woche mit deiner klaren, direkten und grundgütigen Art den Rücken stärken mögest! Wir brauchen dich!

Und apropos. An Helm-Peters Meinung zum Gewürge Deutschland gegen Mexiko bei der WM interessiert? Wörtlich: »Also es gibt ja nur zwei Worte: Mexiko verdient gewonnen.« Sind zwar drei, aber was heißt das schon, wenn Peter spricht?! In der Sache hat er ja so was von recht. Zumal er sich gleich korrigiert hat: »Oder drei Worte. Mexiko hat das Ding verdient gewonnen.« Doppelung nennt man so was im Ballsport. Sein Fazit: scheiße gelaufen, und zwar in der Summe, weil die Jungs vier Jahre älter geworden sind seit damals, also seit 2014, als der Titel und der Pott, der so etwas wie eine gülden schimmernde Skulptur ist, geholt wurde. »In der Abwehr nix, vorne nix und Neuer, ja gut, Neuer, den konnte er ja wohl nich halten.«

Sag ich doch: Kernkompetenz.

Tschüss, Helm-Peter, halt die Ohren steif, und ärger dich nicht so. Gönn dir lieber ’n kühles Blondes, und komm wieder runter. Auch wenn zu befürchten ist, dass der Kick gegen die Trekroners am kommenden Samstag das Ende der Titelträume bedeuten wird. Zum einen, weil, wie Peter sich ausgedrückt hat, bei den deutschen Spielern neben allem anderen auch die Einstellung nicht stimmt, und zum anderen, weil die Schweden an diesem Tag zweierlei erreichen können: den Titelverteidiger rauskegeln und selbst das Achtelfinale erreichen. So was motiviert gleich doppelt, sodass auch ich zur Schwarzmalerei neige. So wie gegen die Mexikaner zu spielen (spielen?), das endet im Desaster. Zu hundert Pro! Weil die Schweden sich voll reinhauen werden. Was gilt die Wette?

12.

STEVENS

Vollständiger Name: Hubertus Jozef Margaretha oder kurz Huub Stevens. Heißt wirklich so. Ganz sicher. Hat unseren Verein von 2007 bis 2008 trainiert. Ziemlich genau eineinhalb Jahre, nachdem er im Februar 2007 den geschassten Thomas Doll als Fußballlehrer beerbt hatte. Nur ein zeitlich überschaubares Intermezzo. Leider. Denn der immer irgendwie aggressiv rüberkommende Holländer, deswegen hatte er sich den Spitznamen Knurrer von Kerkrade redlich verdient, hatte was drauf. In den letzten 15 Spielen der Saison hat er die Rothosen vom letzten Platz über den UI-Cup in den UEFA-Pokal geführt. Chapeau! Mein lieber Herr Gesangsverein. Sozusagen die schlecht gelaunte, miesepetrige Variante von Krischan Titz. Was die Kompetenz anbelangt.

Deswegen habe ich, im Rahmen meiner bescheidenen Möglichkeiten, versteht sich, via Facebook versucht, Einfluss zu nehmen auf die Entscheidungsfindung seitens der Vereinsführung, nachdem die den Gisdol in die Wüste geschickt hatten. Hollerbach? Nee, bei aller Liebe, muss nicht sein. Wirklich. Stattdessen die Qualitäten des Holländers lauthals in Facebook-Kommentaren angepriesen, in der stillen Hoffnung, dass mein Flehen von den entscheidenden Leuten erhört würde. Erfolglos, ist ja klar. Wohl nicht zuletzt deswegen, weil Huub, was ich zu dem Zeitpunkt noch nicht gewusst habe, inzwischen im »Sportlichen Beirat« der Schalker einen Posten bekleidet. Beziehungsweise bekleidet hat. Also auch zum damaligen Zeitpunkt schon vergeben. Leider! Inzwischen verschmerzbar, weil, ich sage nur: Titz. Am 3. Juni 2018, wen es interessiert, wurde Stevens von der Mitgliederversammlung des FC Schalke 04 in den Aufsichtsrat gewählt. Glückwunsch dazu und Glückauf für den weiteren Lebensweg. Es scheint immer bergauf zu gehen. Zumal ihn mit den Himmelblauen Erfolge zuhauf verbinden. 1997 den UEFA-Cup gewonnen. Wie aus dem Nichts. Im Elfmeterschießen die Inter aus Mailand entzaubert. Kriegt auch nicht jede Mannschaft hin. Und im Anschluss in einer Jubeltraube ertrunken.

Ich sage nur Marc Wilmots, das Kampfschwein. Oder »Eurofighter«. Na, klingelt's?

2000/01 traten unter seiner Führung Spieler wie Andi Möller oder Ebbe Sand ins fußballerische Rampenlicht. Aufbruchstimmung. Zunächst. Doch dann kam der letzte Spieltag. Die Tabellenführung und damit die Meisterschaft aus der Hand gegeben. Tragisch! Ultratragisch. Ich sage nur: Volksparkstadion. Schober. Indirekter Freistoß für die Bayern, die in der Nachspielzeit 0:1 zurücklagen. Eigentlich war, aus der Sicht der Münchner, alles gelaufen. Meisterschaft ade. Denn Sergej Barbarez hatte kurz zuvor meine Mannschaft in Führung gebracht. Die Rothosen als Meistermacher. So oder so. Es wurde ein … oder so. Denn ausgerechnet Schobi, der in dieser Saison von den Schalkern ausgeliehene Goalie, nahm ohne jede Not einen Rückpass mit der Hand auf. Was folgte, wissen alle, die damals dabei waren, die das Spiel vor der Glotze verfolgt haben, oder die meine *HSV-Momente* gelesen haben. Dort in doppelter Ausführung nachlesbar. Aus jeweils unterschiedlicher Perspektive. Ein Gebot der Fairness …

Ich will nicht viele Worte machen. Will nicht alte Wunden wieder aufreißen. Denn der Schmerz in der Schalker Seele, der sitzt tief. Tiefer als tief. Manch einer in Gelsenkirchen hat vermutlich heute noch Albträume oder wälzt sich Stunde um Stunde, weil er selbst des Nachts keine Ruhe findet. Bei dem Gedanken an das unfassbar Entsetzliche, das damals geschah, und das letztlich auf die Kappe, Ironie hat einen Namen, eines Schalkers ging. Ich möchte gar nicht wissen, was inzwischen aus Schober geworden ist. – Immerhin, ein schwacher Trost, die Schalker Knappen schnappten sich am Ende der Saison den DFB-Pokal. Im Berliner Olympiastadion gegen den 1. FC Union Berlin. 2:0 vernascht. Glückwunsch dazu. Eine kleine Entschädigung dafür, dass man sich landauf, landab klammheimlich belustigt zeigte, wenn das Gespräch auf den 5-Minuten-Meister oder den Meister der Herzen zu sprechen kam. Denn, das wussten schließlich alle, die auf sensible Anteilnahme machten: Kaufen kann man sich dafür nichts. Nicht bloß im Fußball zählen ausnahmslos Titel. Alles andere kannst du dir getrost in die Haare schmieren. Der Zweite ist der erste Verlierer. Da beißt die Maus keinen Faden ab.

Zurück zu meinem Verein. Denn auch ich muss gestehen, dass ich mit den Knappen nicht viel am Hut habe. Sind so etwas wie ein Angstgegner des HSV. Und haben darin, leider, keinen Alleinvertretungsanspruch. Will heißen, da gibt es noch einige andere. Lohnt sich jetzt nicht, alle aufzuzählen. Die Liste ist lang. Und außerdem, in der kommenden Saison ist mein Verein vor den Nachstellungen dieser Vereine sicher. Was allerdings auch nicht wirklich froh stimmt.

Stevens Vertrag bei uns lief bis zum Ende der Saison 2007/08. In seinem letzten Spiel als HSV-Trainer wurde der Karlsruher SC mit 7:0 vom Platz gefegt – der zweithöchste Sieg der Hamburger in der Bundesligahistorie.

Was hat der altersweise Huub in Sachen HSV zu vermelden? Also aktuell? Ich sag es euch. Denn nur deswegen, weil er einiges in der Causa Rothosenclub mitzuteilen hat, was der Kenntnisnahme wert ist, sei es hier zu Protokoll gegeben. Das klingt alles gar nicht mal so schlecht. Sondern verteufelt gut. Und macht Mut. Denn schließlich ergreift einer das Wort, der es wissen muss. Einmal sowieso, von wegen Fußballlehrerkompetenz. Zum anderen seiner Intimkenntnisse hinsichtlich unseres Vereins wegen. Und weil er sich im Fußballland Deutschland wie kaum einer auskennt. Allenfalls Helm-Peter hat ihm da noch ein wenig voraus …

Also, was spricht der Holländer? Zum einen dies: »Dass die Uhr weg ist, ist das einzig Positive. Alles andere ist Mist.« Sie ist natürlich noch da. Wäre ja auch komisch, wenn es im Stadion keine Stadionuhr gäbe. Ein Widerspruch in sich. So meint er's freilich nicht, der alte Fuchs. Dass endlich die Sekunden-, Minuten-, Stunden-, Tage-, Wochen-, Jahre-, Jahrzehntezählerei der Vergangenheit angehört, das stimmt ihn froh. Warum? Ich mutmaße mal, weil es ihm einerseits am Arsch vorbeigeht, und weil dieses demonstrative Erbsengezähle andererseits auch irgendwann mal seinen Reiz verliert, und man besser daran tut, es gut sein zu lassen. Und sei es auch bloß, weil es bei den Aktiven nur unnötig Druck erzeugt. Weil man schließlich als Spieler nicht bis in alle Ewigkeit vorgerechnet bekommen haben will, dass man mit seinem spielerischen Unvermögen den Untergang des Vereins herbeigeführt hat. Oder was weiß ich, aus welchem Grund. Huub jedenfalls fand es klasse, dass die Eieruhr oder das Stundenglas – das passt in dem Kontext viel besser – endlich der Vergangenheit angehört. Im eigentlichen Sinne. Denn gezählt wird ja weiter, wie wir alle wissen.

Und sagte irgendwann dann doch, wieso ihn der Traditionsverkünder regelrecht angekotzt hat »Es ist ein großer Druck gewesen, dass die Uhr tickt und tickt und tickt. Die Uhr hat immer getickt. Jeder hat dahin geguckt und darüber geredet. Endlich ist sie weg.« Sag ich doch.

Das war sein markiger Ein- und Ausstieg in das Elends-Thema. Wie ging es weiter? Folgendermaßen, und jetzt kommt bei uns Fans Freude auf. Denn wer so gewieft ist wie die Trainerlegende aus dem westlichen Nachbarland, der wird schon wissen, was er da antizipiert. Zuvor aber sagte er noch dies, weil ein kluger Kopf nie das große Ganze aus den Augen verliert. »Wenn in einem Jahr drei Trainer vor der Mannschaft stehen, dann kann das nicht gut gehen. Hinzu kommt, dass der Sportdirektor und Vorstandsvorsitzende auch noch entlassen wurden. Wenn das passiert, ist es ganz normal, dass ein Verein absteigt.« So weit, so schlecht.

Aber jetzt kommt er wirklich, der alles entscheidende Satz: »Die Spieler haben sich mit seiner Art von Fußball wohlgefühlt.« Von wem ist die Rede? Keiner weiß es? Oder doch? Von Titz, selbstredend. Was klipp und klar heißt, auch Huub hat die Zeichen der Zeit erkannt und spricht es gelassen aus, dass Krischan die Wende herbeigeführt hat. Zwar zu spät für den Klassenerhalt. Aber mit einer Option auf das, was kommt, also die Zukunft, die es in sich hat. Denn worum geht es ihm? Um das Sich-Wohlfühlen. Nicht zu Hause, nicht im Club, nicht sonstwo. Sondern auf dem Spielfeld. Und damit hat er genau das auf den Punkt gebracht, was der Strahlemann Holtby nach dem 3:1 bei den Wölfen verlauten ließ: dass die Mannschaft nach geschlagenen vier Jahren wieder Spaß am Fußball hat. Also sich wohlfühlt auf dem Platz. Weil das Spielen wieder Freude bereitet.

Und dann kommen noch zwei verbale Ausrufungszeichen hinterdrein. Zum einen: »In der 2. Liga wird anders gespielt. Der HSV ist der Favorit, um als Meister direkt wieder aufzusteigen. Den Druck haben die Spieler. Damit müssen sie umgehen können.« Genau, vorbereitet muss man auch mental auf das sein, was die Zukunft bringen wird. Das weiß auch Titz. Und er wird dafür Sorge tragen, dass seine Spieler diesen Aspekt verinnerlichen. Dem Druck weicht man als Profi nicht ängstlich aus, sondern man stellt sich ihm. Weil man Mut gefasst hat und voller Selbstvertrauen ist. Ohne deswegen überheblich zu werden, versteht sich.

Zum anderen: »Wenn du der Top-Favorit bist, sind alle Gegner heiß. Für sie ist es das Spiel des Jahres und der Reiz, den Favoriten zu ärgern. Ob Sandhausen oder wer auch immer – die anderen Mannschaften können alle frei aufspielen, weil keiner etwas von ihnen erwartet. Den Druck, gewinnen zu müssen, hat der HSV – in jedem Spiel. Alle anderen sind die Underdogs, die nichts zu verlieren haben. Der HSV ist gefragt, die Spieler sind gefragt.«

Also merken, Spieler, jetzt liegt es an euch, wer oder was in der übernächsten Saison auf euch wartet oder wen ihr im Volkspark empfangt. Wieder O-Ton Stevens: »Die Einnahmen sinken, und du bekommst es mit einer anderen Art Fußball zu tun. Statt Bayern München kommt nun Sandhausen. Da kann jeder gerne von einem Neuanfang reden – ich sage: Nein, in einem Jahr musst du wieder zurück in der Bundesliga sein. So einfach ist das. Dieser Druck liegt über allem.«

Ja, so einfach ist das, wenn es nach dem Sympathieträger Huub Stevens geht. Also, Jungs, reißt euch am Riemen und denkt an die Worte eures ehemaligen Trainers, auch wenn ihr nie unter ihm trainiert habt.

13.

JOL

Maarten Martin Cornelis Jol. So sein vollständiger Name. Jol mit kurzem o gesprochen klingt für mich – ich albere mal ein bisschen rum, was auf jeden Fall die Laune hebt – nach Jor-El, also nach Supermanns, der ja in Wahrheit Kal-El heißt, Vater. Mit langem o assoziiere ich … Na? Genau. Johlen. Also das exaltierte, überschwängliche Sich-zu-Wort-Melden eines freudig gestimmten Menschen. Gepaart mit der ersten Variante handelt es sich also um seriöse Euphorie. Was mit einem lächerlichen Buchstaben in seinen beiden Intensitätsvarianten nicht alles anzustellen ist. Wenn man es nur will und darauf ankommen lässt.

Jetzt aber zur Sache. Martin Jol, erneut ein Holländer auf dem Cheftrainersessel, beerbte Huub. Und zwar unmittelbar. Der eine Lotse ging von Bord, der andere kam. Zwei gänzlich unterschiedliche Typen. Ein Grantler, fast schon auf dem Niveau des Wiener Grantlers aus den seligen 80ern – die Rede ist von Happel Ernst Franz Hermann, von wem sonst – und ein bedeutungsvoller Schweiger, der nur dann den Mund aufmachte, wenn er wirklich was der Mitteilung Wertes zu sagen hatte. Hochsympathisch, dieser charakterliche Grundzug. Weil, ein Zeichen von Ernst und Gediegenheit. Verlässlichkeit. So diese Richtung. Wenngleich es in ihm, wie er in einer schwachen

Minute der Redseligkeit gestand, immer brodelte. Der eiskalte Vulkan.

Und was er war, das tat er auch. Grundsolide in der Ausrichtung. Keine Mätzchen. Ganz dem Ballsport zugewandt und entsprechend gegenüber der Öffentlichkeit in Gestalt der Medien eher skeptisch eingestellt. Wenn sein Vorgänger mit blitzenden Augen den Schlaumeiern von Funk und Fernsehen immer wieder genüsslich deren Inkompetenz unter die Nase rieb, indem er beispielsweise auf Fragen mit Gegenfragen antwortete – was man ja eigentlich nicht tun soll –, dann machte sein Nachfolger auf vorweggenommene Deeskalation, indem er sich in der Sache bedeckt hielt. Auch eine Art, sein Gegenüber wissen zu lassen, was von seinen anspielungsreichen Fragen, die eigentlich immer schon Antworten sind, zu halten ist. Auf jeden Fall nicht viel. Und dies noch nebenbei: Wenn er dann doch mal lächelte, dann wirkte das, meinem Empfinden nach, immer ein bisschen gequält. So, als ob er sagen wollte, es gibt wahrlich Wichtigeres, als permanent gute Laune zu verströmen. Denn die Wahrheit liegt auf dem Platz. Auch so eine alte Fußballerweisheit, die man aber zu leben verstehen muss. Und Martin verstand sie zu leben wie kaum ein anderer.

Wenn man bedenkt – ich schweife noch einmal ab, sorry –, was für Spitzentrainer der HSV über die Jahrzehnte zu seinen Angestellten zählte, kann man eigentlich nicht kapieren, wie es zu dem Fall ins Bodenlose überhaupt kommen konnte. Martin Wilke. Sagt mir, ehrlich gesagt, nicht viel. Also gar nichts. In den 60ern, also im zweiten Dezennium meines Hierseins, habe ich es offenbar noch nicht so mit Namen gehabt. Und, der Wahrheit die Ehre, bis heute fällt es mir schwer, mir Namen zu merken, schon gleich, wenn ich sicher sein kann, dass ich mein kurzfristiges Gegenüber mit an Sicherheit grenzender Wahrscheinlichkeit nie wiedersehen werde.

Also, wer oder was war Martin Wilke? Er war, zum einen, der erste Trainer des HSV zum Zeitpunkt der Gründung der Bundesliga. Von 1963 bis 1964 - auch kein wirklich langfristiges Engagement, alles was recht ist; scheint bereits zu dieser relativ frühen Zeit ein Grundgebrechen bei den Rothosen gewesen zu sein - hatte der mit dem markanten Spekuliereisen auf der Nase das Sagen an der Elbe. Was hat er vorzuweisen? Den Gewinn des DFB-Pokals im Sommer 1963. Nicht schlecht, Herr Specht.

Kurt (Kuttel) Koch blieb dem Verein auch nicht lange erhalten. Ebenfalls exakt eine Spielzeit lang. Mehr so der vornehme Typus. Schlipsträger. Sagt schon mal einiges über seinen Charakter aus. Meine Meinung. Hat mit den Rothosen den Einzug ins Finale des Europapokals der Pokalsieger geschafft. Das war Anno Domini 1968. Genauer: am 23. Mai. Das Spiel in Rotterdam, im altehrwürdigen Stadion De Kuip, wurde allerdings mit 0:2 gegen den AC aus Mailand verloren. Kann man verschmerzen. Der andere Mailänder Stadtverein war schließlich in den 60ern ein Spitzenclub weit über die Grenzen Europas hinaus.

Zur Saison 1970/71 übernimmt der Jungspund Klaus-Dieter Ochs - war zum damaligen Zeitpunkt schlappe 30 Jahre alt - das Zepter beim HSV. Seitenscheitel, Rolli, Brille. Nicht weniger markant als die von Martin Wilke. Unter ihm wurden nachmalige Spitzenspieler wie Manni Kaltz und der Torwart Rudi Kargus groß und größer … Grundsolide Nachwuchsarbeit hat einen Namen. Blieb dem Verein immerhin drei Jahre erhalten. Chapeau!

Jetzt wird's kultig! Ich sage nur: Kuno Klötzer. Von 1973 bis 1977 an der Elbe angestellt. Der unscheinbare Mann, der nie viel Aufhebens von sich gemacht hat. Seine Devise scheint gewesen zu sein: Die Mannschaft ist der Star. Und er hat recht behalten, beziehungsweise in höchsteigener Person dafür gesorgt, dass er recht behielt. Hat sowohl den DFB-Pokal als auch, auf internationaler Ebene, den Europapokal der Pokalsieger an die Elbe geholt. Das Seinige dafür getan, dass der HSV fortan zu den Spitzenclubs Europas zählte. Jeder Fan ist dir bis heute dankbar dafür. Mögest du im Trainerhimmel den dir gebührenden Platz gefunden haben. An der Seite Ernst Happels womöglich. Dass ihr eure reichhaltigen Erfahrungen selbst nach eurem Ableben noch bis in alle Ewigkeit austauschen könnt. Mir wird richtig traurig ums Herz. Und irgendwie auch froh. – Ach ja, nichts darf in der Causa Klötzer unerwähnt bleiben, er hat die Vizemeisterschaft 1976, die bis dato beste Platzierung des HSV in der Bundesligahistorie, in trockene Tücher gebracht.

Vier Monate Rudi Gutendorf folgen. Kaum der Erwähnung wert. Auch wenn der Name in der Szene immer noch einen Klang hat. Vielleicht, weil er in der Summe für um und bei 50 (!) Vereine während seiner Zeit als Fußballlehrer gearbeitet hat. Muss man auch erst mal schaffen. Ist wahrscheinlich einsamer Rekord in der Szene. Aber, für mein Empfinden, eher ein trauriger. Klingt nach Ersatz des Ersatzes des Ersatzes …

Arkoc Öczan, der mit dem Zungenbrechernamen, übernimmt. Wie lange ist er geblieben? Bingo! Der HSV-Trainer-Alltag nahm mit ihm wieder seinen Lauf. Nicht mal eine Saison. Also weiter, nicht lange rumgeschnackt und den vorläufigen Gipfel erklommen … Mit Zwischenstopp, versteht sich.

Branco Zebec, der alte Zecher. In seiner ersten Saison an der Elbe wird mein Verein unter seiner Führung Deutscher Meister. Was für ein Einstieg! Wahnsinn! Ein Jahr später, 1980, schafft der HSV unter dem immer ein wenig zerknittert Blickenden – womöglich eine permanente Entzugserscheinung – den Einzug ins Finale des Landesmeisterpokals. Wahnsinn, Teil 2! Der Tag: der 28. Mai im noch legendäreren Estadio Santiago Bernabéu. Ging ergebnistechnisch allerdings auch in die Hose. 0:1 gegen Nottingham Forest verloren. – Der Mann war irgendwie ein wandelnder Widerspruch. Einerseits ein Disziplinfanatiker. Andererseits … Und weil das so war, wurde er zu einem Zeitpunkt geschasst, als der HSV Tabellenführer war. Es war auf den Tag genau der 16. Dezember 1980. Passiert auch nicht alle Tage. Erfolgscoach und trotzdem winke, winke.

Ich komme zum Ende meiner Trainerauflistung. Und zum Höhepunkt. Ein Name genügt: Ernst Happel. Die Wiener Spaßbremse und der ewig mies gelaunte Kettenraucher. Seine Erfolge? Zweimaliger Meistermacher, DFB-Pokal-Sieger am Ende seiner Zeit an der Elbe 1987, und, gaaanz entscheidend, er gewinnt 1983 den Europapokal der Landesmeister. Also die Mannschaft mit den Cracks, versteht sich, holt den Pott nach Hamburg. Gegen Turin. In Athen. Durch den Wahnsinnsschuss Magaths in der 8. Minute von der rechten Strafraumkante. Aus der Sicht Dino Nationales. Muss man beim Ballsport eigentlich immer mit dazusagen. Die Mannschaft. Von hinten nach vorne: Uli Stein, Holger Hieronymus, Manni Kaltz, Ditmar Jakobs (der mit dem Karabinerhaken im … Ich mag nicht weiterreden. Jagt mir einen Schauer des Entsetzens über den Rücken, selbst heute noch, knappe 30 Jahre danach), Bernd Wehmeyer, Wolfgang Rolff, Jürgen Groh, Felix Magath, Jürgen Milewski,

Horst Hrubesch, Lars Bastrup und, als Einwechselspieler, der blutjunge Thomas von Heesen. Noch Fragen? Keine? Na, denn ist ja gut.

Aber, mehr als eine Randnotiz, in dem Zusammenhang noch dies: Sein Vorgänger und späterer Co. ist – der nächste Zungenbrecher – Aleksandar Ristić. Der Co. wird zunächst zum Ex-Co. und unter Happel, ein gutes halbes Jahr später, dann wieder zum Co. Achterbahnfahrt. Hat, deswegen verneigt sich der Fan auch vor ihm, dem HSV in der Saison die Vize-Meisterschaft beschert.

Zurück zu Jol. Weil er, genaugenommen, der letzte Erfolgstrainer unseres Vereins gewesen ist. Ab der Saison 2008/09 wurde der Holländer neuer Chefcoach des HSV. Obwohl er bis 2010 vertraglich gebunden war, blieb er nur ein Jahr in der Elbestadt. Pacta sunt servanda? Wenn der Spruch irgendwo ganz bestimmt keine Gültigkeit hat, dann im Fußballsport. Unter Martin gelang den Rothosen der Einzug in das UEFA-Pokal-Halbfinale und in das DFB-Pokal-Halbfinale. Beide Male – unvergessen und bis heute unverknust – ausgerechnet gegen den Erzrivalen von der Weser, also die Werderaner, (in der Summe) verloren.

Ich sage nur Papierkugel. Alles klar? Innerhalb von lediglich gut zwei Wochen viermal aufeinandergetroffen. 22. April 2009 DFB-Pokal Halbfinale. Vergeigt. Das Rückspiel am 7. Mai im UEFA-Pokal-Halbfinale mit 3:2 verloren, nachdem sie das Hinspiel an der Weser eine Woche zuvor am 30. April mit 1:0 gewonnen hatten. Weil: Auswärtstorregel. Katastrophe! Man stelle sich das mal vor! Oder lass es lieber bleiben. Hin ist hin.

Wie ging es mit Jol an der Spitze weiter? Folgendermaßen: Obwohl die Mannschaft in der Bundesliga nach dem 21. Spieltag eine Woche lang die Tabelle angeführt und am 26. Spieltag noch punktgleich mit dem Tabellenführer und späteren Meister VfL Wolfsburg auf Platz zwei gelegen hatte, ging es zum Ende der Saison wieder ein bisschen bergab. Platz 5 in der Endabrechnung. Immerhin, qualifiziert für die neu geschaffene UEFA Europa League. Nicht schlecht, Herr Specht, und kann man mit leben. Danach bye, bye und auf Wiedersehen. Schade, wirklich schade.

Nun aber zum Kern der Sache. Nach all dem Geschnacke und historischen Rekurs.

Was hat Martin Jol hinsichtlich der Zukunft des HSV im Angebot? Können uns seine stets kernkompetenten Statements hoffnungsfroh stimmen? Ja, Fans, das können sie. Obwohl sie, das muss ich zugeben, nicht mehr ganz up to date sind.

Angekommen: »Hamburg ist einfach eine tolle Stadt mit sehr netten Menschen.« Das fängt schon mal gut an. Und warum hat er sich damals für den HSV entschieden? »Das war Zufall. Eigentlich war es gar nicht mein Plan, in die Bundesliga zu gehen. Und der HSV ist auch erst spät an mich herangetreten. Aber beim Abendessen mit Sportchef Dietmar Beiersdorfer und dem Vorsitzenden Bernd Hoffmann habe ich wohl einen guten Eindruck hinterlassen. (lacht) Heute kann ich sagen, dass es die absolut richtige Entscheidung war, zum HSV zu gehen. Hier herrschen hervorragende Bedingungen, die Bundesliga gehört zu den besten Ligen Europas. Und der HSV ist mir ja nicht fremd gewesen: Mein allererstes Fan-Trikot war das von Felix Magath.«

Na also, wer für Magath schwärmt, der kann kein ganz schlechter Mensch sein. Und der hat einen unbestechlichen Riecher für Qualität. Außerdem, ganz wichtig, hat er eine Spielidee: »Ich bin ein Fan von attraktivem Offensiv-Fußball. Nur das Problem ist: Ich kann aus einer Maus keinen Elefanten machen. Wir brauchen Zeit, ein, zwei Jahre, um ganz oben mitzuspielen. Unser Spiel hat noch zu viele Schwankungen. Wir müssen vor allem schnell unsere neuen Spieler wie Marcell Janssen oder Thiago Neves integrieren.«

Was sagt er, bei der Gelegenheit, über uns, also den Fan? »Die Begeisterung in Hamburg ist wirklich einmalig, das kenne ich so nicht mal aus England.« Da lacht das Herz der Anhängerschar.

Was ihm, also das Integrieren der Nachwuchsspieler, ja auch gelungen ist. Zwischenzeitlich.

Der Fan merkt, dass diese grundsoliden Ansichten vor bummelig zehn Jährchen zu Protokoll gegeben worden sind. Warum ich sie dennoch in Erinnerung rufe? Weil Jols Ansichten bis aufs Haar genau diejenigen von Titz sind. Titz, der wiedergeborene Jol, etwas waghalsig ausgedrückt. Ein Wiedergänger. Was soll da noch schiefgehen?!

14.

UNS UWE

Ich höre seine Stimme. Was kündet sie? Zunächst einmal möchte ich etwas verkünden. Dass es mir gehörig gegen den Strich geht - ich ahme jetzt mal emotional Helm-Peter nach, weil auch mir sehr danach ist -, wie die Titelfavoriten bei der WM rein ergebnisorientierten Fußball spielen. Als Ausnahme fällt mir eigentlich bloß der Geheimfavorit Belgien ein. Nicht mal die Spanier vermochten bislang zu überzeugen. Bis auf die zweite Halbzeit gegen die Portugiesen vielleicht. War, vom Spielverlauf her, ein äußerst unglückliches 3:3. Hätten die Portugiesen nicht Ronaldo in ihren Reihen, kein Mensch hätte diese Gurkentruppe auf dem Zettel. Und die Brasilianer?! Kein Wort weiter!

Also, beispielsweise gerade eben die Franzosen. 1:0 gegen tapfer kämpfende Peruaner gewonnen, die, was die Einstellung, die Laufbereitschaft, das technische Know-how und die Ballbesitzquote betrifft, locker den Ausgleich verdient gehabt hätten. Wenn nur nicht immer der finale Pass im Irgendwo gelandet wäre.

Übrigens, 1:0 war das Endergebnis annähernd der Hälfte der Kicks bis dato. Also nach exakt einer Woche. Das lässt ganz tief blicken. Absolut risikofreies Taktikgemurkse, bei dem der Spielwitz, die Torgefahr, das Passspiel in die Tiefe und vieles andere mehr garantiert auf der Strecke bleiben. All das also, was am Fußballspiel den Spaß ausmacht.

Zurück zum gerade eben zu Ende gegangenen Anti-Fußball (der Blauen, versteht sich). Wäre der Lattenknaller der Peruaner nur ein wenig rechtslastiger gewesen, sprich, mit noch mehr Effet aufs Gehäuse des haushohen Favoriten gezirkelt worden, dann hätte es bei den überheblichen Schnarchnasen so was von geklingelt. Und dann wären sie endlich bestraft worden für dieses trostlos uninspirierte Gewürge. Fehlpassfestival. Standfußball. Begannen bereits in der Mitte der 2. Halbzeit auf Zeit zu spielen. Man stelle sich das einmal vor. Nisteten sich, solange es ging, im Bereich der gegnerischen Eckfahne ein. Spekulierten vermutlich darauf, vom verzweifelt um den Ball bemühten Gegner gefoult zu werden. Was dann noch zusätzlich Zeit von der Uhr genommen hätte. Erbärmlich!

Aber der Hammer war, wie der Schütze des einzigen Tores, der Jungspund Kylian Mbappé, anlässlich der Auswechslung zunächst so tat, als habe er nicht bemerkt, dass er den Platz verlassen sollte. Um anschließend – O! Überraschung. Ich?! Wirklich? – beim Verlassen des grünen Rasens in Zeitlupe jedem Spieler die Hand zu schütteln oder auf die Schulter zu klopfen. Und nicht etwa bloß seinen blau gekleideten Kollegen. Nein, auch den Peruanern gegenüber, die seinen nicht enden wollenden Weg zufällig kreuzten, war er so gnädig, sie seiner Aufmerksamkeit für wert zu befinden. Ein gemächliches Schlendern auf grünem Grund. Darauf hätten die Weiß-Roten allerdings liebend gern verzichtet. Auf diesen verlogenen Schmusekurs eines sich vorzüglich Dünkenden. Der Petit Provocateur mit der Unschuldsmiene.

Hast du den Schaden, kommt der Spott eines Sportsmannes mit hundert Pro hinterher. Jedenfalls, wenn er Mbappé heißt und sich selbst für so was von cool und abgezockt hält. Ich sag es klipp und klar: Merde!

Allez les bleus!? Ja von wegen. Nee danke, ich verzichte. Und noch dies, erneut in eigener Sache. Obwohl ich gemeinsam mit meinem Töchterlein ein Team in einer Wettgemeinschaft bilde, und wir uns auf ein 3:0 für die Blauen geeinigt hatten, hätte ich den Franzosen ein Unentschieden oder eine Niederlage gegönnt. Eigener Punktestand beim Wetten hin oder her. Denn ich sag es noch einmal klipp und klar: Dieses abgeklärt wirken sollende Gegurke war Antifußball und nichts weiter. Zum Abgewöhnen. Und zum Einschlafen, wenn ich mich nicht so geärgert hätte.

So, das musste raus. Ich denke, alle Fußballfans werden meinen über Tage aufgestauten Ärger verstehen können. Kurz noch dies: Ich bin mal gespannt, wie sich der andere Titelaspirant, also die Argentinier um Lionel Messi – sein vollständiger Name lautet übrigens Lionel »Leo« Andrés Messi Cuccittini –, heute Abend gegen die Kroaten anstellen. Wieder ein absolut mageres 1:0? Man wird sehen. Gefasst bin ich auf so ziemlich alles, wenn man sieht, wie die WM sich bisher angelassen hat. Die torgefährlichste Mannschaft ist ausgerechnet der Gastgeber Russland, mit denen nun wirklich keiner gerechnet hat. Immerhin, einige Überraschungen hält diese Fußballweltmeisterschaft dann doch bereit. Aber das ist auch das einzig Spannende bisher.

Zeitsprung. Der Erzähler verfügt, als eine Art Creator, über Möglichkeiten, die dem Normalsterblichen verwehrt sind. Er kann in beide Richtungen, wie bereits weiter oben erläutert wurde, des Zeitstroms schwimmen. Vor, also in die Zukunft; zurück, also in die Vergangenheit. Das Zweite kann jeder, indem er sich erinnert. Das Erste ist schwierig, weil es bedeutet, die Zukunft als bereits vergangene in Augenschein zu nehmen. Dass das nur wenige können ... Seid froh, Leute, ist mehr Fluch als Segen. Denn wenn du im Voraus weißt, was die Zukunft im Gepäck gehabt haben wird, dann ist es nicht immer ganz leicht, Entscheidungen zu treffen, weil man sie, genaugenommen, immer schon getroffen hat, bevor man sie trifft. Unfreiheit hat einen Namen, und der heißt, dem Gewesensein der Zukunft ausgeliefert zu sein.

Aber es hilft ja nichts; da ich nun einmal über diese verfluchte Fähigkeit verfüge, heißt es, das Beste damit anzufangen. Und das bedeutet in diesem konkreten Fall, dass ich Abbitte leisten muss. Bei dem französischen Jungspund. Also Kylian Mbappé. Was der im Spiel gegen die Gauchos auf den Platz gezaubert haben wird ... Mir wird die Spucke weggeblieben sein. – Ich wechsle mal in das Präsens. Futur 2 hat nicht nur sprachlich was Angestrengtes. Um die Ecken des Noch-nicht des bereits Gewesenen zu denken, ist auf die Dauer nervig und nimmt einem endgültig die Freude an dem, was gekommen sein wird. Im Noch-nicht-Gewesen-sein schon gewesen zu sein ... Klingt verteufelt nach einer zeitlichen Paradoxie, was es ja, wenn man es sich recht überlegt, auch ist.

Also, Mbappé. Der Teufelskerl. Der Dynamische. Der zweite Usain Bolt. Der, wie man hört, phasenweise sogar den Weltrekordhalter hinter sich gelassen haben würde. Also hat. Dieser noch nicht einmal 20-jährige Jüngling, der mich in dem Gegurke gegen die Peruaner noch tierisch genervt hatte, machte den Unterschied aus im Kräftemessen mit der Elf um Lionel Messi. Torgefahr hatte vor allem einen Namen. Seinen. Woraus klipp und klar folgt – eine logische Schlussfolgerung –, dass der Wahnsinnsknabe zwei Tore in nur vier Minuten geschossen hat. In der 64. und 68. klingelte es im Netz der Argentinier. Der Anschlusstreffer in der Nachspielzeit kam zu spät. Das Ding war durch. 4:3 für die Blauen. Für mich, so wankelmütig kann man sein, wenn man auf dem falschen Bein erwischt worden sein wird (!), sprich, wenn der provokative Zeit-von-der-Uhr-Nehmer sein wahres Ich gezeigt haben wird, folgt aus diesem Wahnsinnsspiel, dass die Franzosen neben den roten Teufeln aus Belgien zum Titelfavoriten avanciert sind. Schlag auf Fall. Denn auch die Kroaten, die bei mir ganz weit oben auf dem Zettel standen, werden sich im sich zäh hinschleppenden Rumgewurstel mit Danish Dynamite nicht gerade mit Ruhm bekleckert haben. Und da den Spaniern in ihrem Achtelfinalspiel gegen die *Сборная России по футболу*, also die Sbornaja Rossii po futbolu, ihre notorische Ballbesitzdominanz im Mittelfeld letztlich auch nicht von Nutzen gewesen sein wird, wird die Zahl der wirklichen Titelaspiranten doch langsam sehr überschaubar geworden sein.

Doch halt, ehe ich's vergessen haben werde … Es gibt noch ein Dream Team, das zu den schönsten Hoffnungen Anlass gegeben haben wird. Klingt irgendwie nach einer Niederlage im bevorstehenden Viertelfinale gegen die Franzosen. Was ich, der Wahrheit die Ehre, auch für sehr wahrscheinlich halte. Die Uruguayer haben, von einer extrem sattelfesten Abwehr abgesehen – nicht ein Gegentor in den drei Vorrundenspielen kassiert –, zwei Offensivkräfte in ihren Reihen, die zu den schönsten Hoffnungen Anlass gegeben haben werden. Tempuswechsel jetzt.

Edinson Cavani heißt der mit dem haartechnischen Retrolook. Der gleichzeitig und darüber hinaus einen Spielwitz, eine Dynamik und einen Durchsetzungswillen hat, der sich vor demjenigen des französischen Jungspundes wahrlich nicht zu verstecken braucht. Erst schlägt er einen punktgenauen Wahnsinnspass quer über das gesamte Spielfeld zu seinem kongenialen Sturmpartner Luis Suárez, also dem Querulanten, Schauspieler und Wiederholungsbeißer. Der schaut kurz in die Richtung, aus der die Nille soeben bei ihm angekommen ist. Und wuchtet das Ding mit einem Affenzahn retour. Auf den Schädel, die Nase, die Schulter, den Hals – von allem etwas – des wie entfesselt durchgestarteten Cavani. Klartext: 1:0.

Und auch das 2:1 in der zweiten Halbzeit, nachdem den Portugiesen der Ausgleich durch ein Kopfballtor von Pepe, dem Paukerschreck …, gelungen ist, wird Edinson geschossen haben. Hat man erst einmal damit angefangen, satztechnisch mit den Tempi zu spielen, läuft man Gefahr, rein formulierungsmäßig nicht mehr Herr im eigenen Haus zu sein …

Was wollte ich? Ach ja! Also, wie der Uruguayer das Ding im langen Eck versenkt hat. Ich sage nur, erste Sahne. Ganz großer Sport. Denn ein Spitzenspieler mit Torriecherqualität stoppt den Ball nicht erst, um sich erst dann zu überlegen, wie er weiter vorgehen soll. Nein, bei dem sind Annahme und Abschluss eins. Heißt in diesem konkreten Fall, das Leder mit der rechten Klebe an dem sich lang und länger machenden Goalie der Portugiesen vorbeizuschlenzen. Wohlgemerkt, von der Strafraumkante aus. Kann auch nicht jeder. So viel steht fest.

Blöd nur, aus der Sicht der Urus, dass er sich nach seinem 2:1 verletzt haben wird. Dass dem Humpelnden Cristiano Ronaldo beim schweren Gang vom Spielfeld unter die Arme gegriffen haben wird – so sieht wahre Männerfreundschaft aus – das spricht für die portugiesische Nummer 10. Der, so sehe ich das, ohnehin immer ungerechtfertigterweise von der Seite dumm angemoserte adrette Schönling hat das Herz am rechten Fleck.

Ob Cavani, was ihm zu wünschen ist, seine muskulären Probleme bis zum Viertelfinale gegen Mbappé und die Seinen auskuriert haben wird, diese Frage bleibt unbeantwortet. Ein Erzähler muss ja nicht gleich alles ausplaudern. Selbst wenn er es gewusst haben wird …

Stimmen. Ich höre eine Stimme. Endlich. Ich hab mich wieder einmal festgequatscht. Der Fußballbegeisterte in mir kann es einfach nicht lassen. Wird überwältigt, wenn ihn die besonderen Momente seines Sports in ihren Bann geschlagen haben werden.

Was kündet sie? Also die Stimme. Zu meinem HSV. Zur aktuellen Situation. Also zu dem, was nach der Meinung von ausgewiesenen Fachleuten in der nächsten Saison auf die Rautenelf zukommen wird.

Uns Uwe. Das Hamburger Urgestein und der Ehrenspielführer der deutschen Nationalmannschaft. Was hat der brandgefährliche klassische Mittelstürmer mit Seitfallzieherqualität – mal wieder ein Wort für das Wortsuchspiel Scrabble – von ehedem angesichts des Abstiegs nach 55 Jahren der Erstligazugehörigkeit zu verkünden?

Er ist traurig, aber gefasst, wie man hört. Das spricht schon mal für ihn. Kontrollierte Trauer kann man diese Einstellung nennen. Vorbildlich. Keine Randale, keine Wutausbrüche, sondern im Stillen eine Träne verdrücken und sich gleich danach der Situation stellen. Sollten sich all jene, die die Eskalationsvariante bevorzugen, 'ne Scheibe von abschneiden. Von dieser rundum professionellen Einstellung.

Der Einstieg war also schon mal überzeugend. Wie von Uwe Seeler nicht anders zu erwarten. Ein echtes Vorbild. Wie man hört, wurde rechts und links von ihm geweint. Da steht er drüber. Also doch keine Träne verdrückt. Alle Achtung, dazu gehört Charakter.

»Ich bin sehr traurig, dass es keinen Erstligafußball mehr in Hamburg gibt. Wenn man rechtzeitig geschaltet hätte, wäre das nicht nötig gewesen. Man kann es aufzählen, kein Eishockey, kein Handball – das ist auch für Hamburg nicht das Beste.« Was er unter Punkt 1 meint ist klar. Ich sage nur: Titz. Unter Punkt 2 spielt er wohl darauf an, dass es in einer Weltstadt wie Hamburg unter dem rein sportlichen Gesichtspunkt allenfalls noch Amateurniveau gibt. Und das findet er scheiße. Auch wenn er es so nicht sagt. Kann ich ihm auch nur beipflichten.

Anschließend reflektiert er, unter dem pädagogischen Gesichtspunkt, darauf, dass es unerhört ist, wenn einige Krawallbrüder ihre Emotionen nicht im Griff haben und voll auf die Kacke hauen. »Man sieht ja, was wir hier für Chaoten haben. Da muss man zwischenhauen, das wird immer schlimmer. Vor allem, weil ja auch Kinder im Stadion sind.« Das mit dem Zwischenhauen ist zwar nicht wirklich pädagogiklike. Muss man aber trotzdem Verständnis für haben, wenn das Hamburger Urgestein, der seinem Verein immer die Treue gehalten hat, ernsthaft sauer wird, wenn einige aus der Nordkurve das schöne Volksparkstadion, das Juwel der Stadt neben dem Michel und der Elbphilharmonie, zu Klump hauen. Das geht gar nicht und rechtfertigt handfeste Gegenmaßnahmen. Auch da bin ich bei Uns Uwe.

Zu Titz hat er sich anschließend selbstredend auch noch geäußert, allerdings auf eine altersweise Art. Einmal, weil so nicht alle Last der kommenden Monate auf den Schultern von Krischan ruht, und zum anderen, weil es ja nicht bloß und allein die Vorvorvorgängertrainer waren, die den letztendlichen Schlamassel verursacht haben. Da gab es – er hält sich bedeckt – sicherlich noch ein paar andere, die sich an ihre eigene Nase fassen müssten. Wörtlich: »Titz hat das gut gemacht – mehr war nicht drin. Aber ob alle Trainerwechsel gut waren, das ist auch die Frage.«

Alte Fußballerweisheit: »Wenn du dich auf andere verlassen musst, bist du verlassen.« Da hat er erneut den Nagel auf den Kopf getroffen. Denn anders als in der auch schon katastrophalen Vorsaison, als sie am allerletzten Spieltag in allerletzter Sekunde den 2:1-Siegtreffer gegen die Wölfe erzielten, hatten sie in der letzten Oberkatastrophensaison spätestens nach der 0:3-Pleite im Frankfurter Waldstadion gar nichts mehr in der Hand. Heißt, sie waren am letzten Spieltag darauf angewiesen, dass … Überflüssiges Geschnacke. Wem erzähle ich das eigentlich?!

»Fast schon wehmütig sagte er dann doch: »›Ich habe nicht geglaubt, dass ich noch mal absteige mit dem HSV, solange ich auf der Erde lebe.‹ Auf die Frage, ob er auch in der 2. Liga ins Volksparkstadion gehe, sagte Seeler mit Inbrunst: ›Selbstverständlich.‹«

Na, dann sehen wir uns ja bald wieder. Im Stadion. Da freut sich der Fan, und das gibt Hoffnung. Denn ich bin mir sicher, dass die Mannschaft nicht dafür verantwortlich sein will, dass uns Uwe mit einem ganz schlechten Gefühl irgendwann in möglichst ferner Zukunft den Weg dorthin antritt, wo allenfalls die Engel mit Wolken den irdischen Ballsport nachahmen.

15.

STATISTIK

Die Albiceleste hatte die Hosen gestrichen voll. Versagensängste. Dazu passte der Aussetzer des glatzköpfigen Goalies zum 0:1. Oberpeinlich, wenn du mal ganz elegant zum Chip ansetzt, und die Nille landet bei dem Gegenspieler, der im Strafraum auf den Blackout gelauert hat, Dankeschön sagt und das Leder trocken-wuchtig einnetzt. Dumm gelaufen. Im Anschluss waren die Gauchos nervlich am Ende und ein kopflos anrennender Hühnerhaufen. Nur der Lionel Messi, der tat mir irgendwie schon leid. In der Nationalmannschaft der Argentinier ist sein Stern praktisch nie wirklich aufgegangen. Trotz seiner exorbitanten Fähigkeiten. Sag ich doch: Versagensängste. Auf Norddütsch: Schiss in de Büx. Und er wird seine Kariere auf Nationalmannschaftsebene auch nie gekrönt haben ... Wie ich inzwischen gewusst haben werde.

Nebenbei und zurück in die Gegenwart, die mittlerweile auch schon wieder der Vergangenheit angehört (... haben wird; sorry, konnte ich mir jetzt doch nicht verkneifen; das Jonglieren mit den Tempi bringt doch irgendwie richtig Spaß): endlich mal ein anderes Endergebnis. Ein vernichtendes 0:3 aus der Sicht der Südamerikaner. Wichtiger aber ist zweierlei: die Kroaten um Luka Modrić, den gelockten kleinen Quirl mit der scheinbar unerschöpflichen Energie und der 10 auf dem

Rücken, waren ja so was von abgezockt. Aggressives Pressing bereits im Mittelfeld. Den Gegner gar nicht erst zur Entfaltung kommen lassen. Was für eine Disziplin über die gesamte Spielzeit. Und was für ein kompakter Zusammenhalt zwischen den einzelnen Mannschaftsteilen. Vorbildlich. Nicht nur für mich seit gestern Abend so etwas wie ein mehr als bloß geheimer Geheimfavorit. Wenn sie diese Spielweise konservieren können, dann ist das Halbfinale locker drin. Oder sogar der Titel.

Werden sie aber nicht gekonnt haben. Das, was sie gegen Dänemark ..., ich sage bloß zweierlei: Schmalkost und ein Mordsdusel, zumal sie, also ausgerechnet die Nummer 10, in der Verlängerung einen Elfer kläglich vergeben haben werden. Oberpeinlich! Die Anzahl der wirklich ernst zu nehmenden Mannschaften schrumpft und schrumpft und schrumpft.

Was, zweitens, wichtig ist: Da kündigt sich was an ... Duplizität der Ereignisse. Wer hat 1998 bei der WM in Fronkreisch die deutsche Nationalmannschaft nach Hause geschickt, sprich geschossen? Bingo! Das waren die Kroaten. Mit 0:3 nass gemacht. Ich sage nur: Suker. Also, dasselbe Ergebnis wie beim gestrigen Kick. Die Gauchos sind damit eigentlich schon jetzt, vor dem letzten Vorrundenspiel, weg vom Fenster. Wichtiger aber, aus deutscher Sicht, ist dies: Auch unsere Jungs können morgen in die Wüste, also in den verfrühten Sommerurlaub, geschickt werden. Von den Gelb-Blauen aus Schweden, wenn die sich nämlich, was zu erwarten ist, bei den Kroaten was abgeschaut haben. Nämlich, wie man eine spielstarke Mannschaft, die einem in technischer Hinsicht in jederlei Hinsicht überlegen ist, niederringt. Kampfstark sind die Trekroners ja ohnehin. Aber das ist noch immer nicht des Pudels Kern. Der kommt jetzt. Was ist, wenn nahezu zeitgleich die beiden Finalisten der letzten WM bereits in der Vorrunde das Handtuch werfen müssen? Dann ist fußballhistorisch meines Wissens etwas Einmaliges passiert. Anders gesagt, das hat es zuvor noch nie gegeben.

Abwarten und Tee trinken. Beruhigt die Nerven. Oder besser ein paar Pils zischen. Fußballfans trinken Bier, das gehört sich so.

Es existiert eine *Ewige Tabelle der Fußball-Bundesliga*. Wirklich, is' so. Und der ist Interessantes zu entnehmen. Auf jeden Fall so interessant, dass es unserer Kenntnisnahme wert ist. Warum? Weil sie, prozentual bis auf die letzte Ziffer hinter dem Komma ausgerechnet, prognostischen Wert haben könnte. Konjunktiv, versteht sich. Wie es Statistiken so an sich haben, wenn es an die praktische Auswertung geht. Klartext: Wenn unsere Mannschaft die letzten zehn Spiele gegen die Bayern eklatant vergeigt hat, dann heißt das ja nicht automatisch, dass sie das elfte ebenso in den Sand setzen wird. Sie könnte es ja auch gewinnen. Das ist nicht ausgeschlossen, auch wenn es, so wie die Dinge liegen, eigentlich unmöglich zu sein scheint. Und zur Zeit unmöglich ist. Weil sie in der kommenden Saison allenfalls im Pokal aufeinandertreffen können. Anders: Das Gesetz der Serie lebt davon, dass es kein Gesetz ist … Klaro?

Also, was ist in der ewigen Tabelle festgehalten? – Übrigens, auch das kann man so nicht stehen lassen. Sagt die Logik. Weil es von der Unterstellung lebt, etwas sei an sein Ende gekommen. Veränderungen, Modifikationen schlechthin ausgeschlossen. Das Ewige ist zeitlos. Die Fußball-Bundesliga ist es aber ersichtlicherweise nicht. Die wächst und wächst und wächst von Saison zu Saison um immer noch ein Jahr. Und das heißt, dass die momentane Konstellation bereits im nächsten Jahr Geschichte sein kann. Weil die Bayern nämlich abgestiegen sind … Kleiner Scherz.

Nach dieser relativierenden Richtigstellung aber in medias res. Was steht geschrieben? Von allem rechnerischen Schnickschnack abgesehen, kurz und präzise dieses hier: dass unser Verein in der ewigen Bestsellerliste der Bundesliga momentan (!) auf Platz 3 rangiert. Hätte ich, ehrlich gesagt, nicht gedacht. Aber da es sich um eine Rangliste aller Meisterschaftsrunden der Fußball-Bundesliga seit ihrer Gründung im Jahr 1963 handelt, spielt natürlich der Zeitfaktor die entscheidende Rolle. Wer, wie der HSV, von Anfang an ununterbrochen dabei gewesen ist (!), der hat natürlich mehr Punkte auf der Habenseite als eine Fahrstuhlmannschaft, die in ihrer Historie zehn Mal ab- und aufgestiegen ist.

Wer hat alles den Platz an der Sonne eingenommen? Zunächst, im Jahre des Herrn 1984, die Geißbockelf. Also einer der vielen Angstgegner unseres Clubs. Zunächst?! Nicht ganz. Denn: Am vierten Spieltag der ersten Saison war der HSV ganz oben in der Tabelle. Na, ist das was? Wir sind nicht nur der Dino der Liga, sondern auch der erste Ranglistenerste überhaupt. Diesen Titel nimmt uns keiner mehr weg. Der ist wirklich für die Ewigkeit. – Obwohl, mir ist, im Eifer des Gefechts, natürlich auch ein kleiner logischer Schnitzer unterlaufen. Denn was war mit den ersten drei Spieltagen? Wer stand da ganz oben? Will ich gar nicht wissen. Wer sich kundig machen will, kann ja selbst nachblättern. Dass aber die Bayern seit 1983 ununterbrochen den Ton angeben, ist geschenkt. Denn die können sich meinetwegen noch hundert Jahre da oben festsetzen, Ewigkeit geht auf jeden Fall anders!

Zwar, mit der Spielzeit 2018/19 wird Werder Bremen ebenfalls 55 Spielzeiten in der Bundesliga erreicht haben. Aber sie haben sie eben bloß erreicht. Klingt ein wenig mysteriös, zugegeben. Was ich damit sagen will: Weil sie nicht ununterbrochen im Oberhaus vertreten waren, zählt dieser Rekord nicht. Denn nach der Spielzeit 1979/80 mussten sie zum ersten und bislang letzten Mal den Gang in die 2. Bundesliga Nord antreten. Die Zugehörigkeit ist, sozusagen, löchrig. Schweizer Käse. Und dass der FC Bayern München jetzt der Verein ist, der am längsten ununterbrochen in der Bundesliga gespielt haben wird, das zählt auch nicht. Denn die Bajuwaren waren schließlich nicht von Anfang an mit dabei. Kurz und präzise, keiner wird uns – das ist wahre Ewigkeit – in noch so ferner Zukunft mehr diesen Doppelrekord wegschnappen können.

Ehe ich's vergesse, es gibt noch einen Rekord, auf den wir alle stolz sein können, und der sich, sofern unsere aktuellen Jungs dieses Buch hier lesen und also darauf aufmerksam werden, leistungsfördernd auswirken kann. Der HSV war – ja, war – seit seiner wirklichen Gründung 1919 bis zur letzten Saison durchgehend in der jeweils höchsten Spielklasse vertreten. Das hat auch kein anderer Club auf der Habenseite. Vermutlich weltweit nicht. Der HSV, der Weltfußballverein schlechthin. Und apropos, im nächsten Jahr gibt es so oder so mindestens eines zu feiern: das Gründungsjubiläum, also das Bestehen unseres Vereins jährt sich zum 100. Mal. Dann kann der Schampus ja schon mal kaltgestellt werden. Wird womöglich 'ne Doppelsause. Im Falle des Wiederaufstiegs.

Und auch, wenn sich in der Satzung unter Berufung darauf, dass der HSV die Tradition seiner drei Vorgängervereine – also der SC Germania von 1887, des Hamburger FC 1888 (der ab dem 26. Februar 1914 Hamburger SV 1888 hieß) und des FC Falke 1906 aus Eppendorf – fortsetzt, festgelegt findet, dass als der »Gründungstag der 29. September 1887« zu gelten hat, ich favorisiere das andere Datum. Weil es so gut zu der momentanen Situation passt. Also zu der Zweifachfesttagsperspektive – Scrabble! – im nächsten Jahr.

Wie gesagt, das Detailkuddelmuddel der Gesamtabrechnung erspare ich euch und mir. Wird man nur rammdösig von. Verursacht Schwindelgefühle. Auf das Fazit kommt es an. Und das lautet kurz und trocken, dass der einzig wahre Traditionsverein zur Zeit Platz 3 der ewigen Tabelle der Fußball-Bundesliga belegt. Nicht schlecht, Herr Specht. Auch wenn, der Zweitklassigkeit wegen, die in der kommenden Saison auf uns wartet, der Platz ganz nahe an der Sonne fürs Erste nicht zu halten sein dürfte. Aber daran lässt sich ja nach dem einjährigen Intermezzo wieder etwas ändern.

Vor uns liegen »nur« die Werderaner, was ich scheiße finde, weil, ausgerechnet die Grün-Weißen, das hätte es nicht gebraucht. Aber hinter uns auf Platz 4 liegt der andere Traditionsverein, die Borussen aus Dortmund, und das entschädigt für das miese Gefühl, das der Gedanke an Platz 2 bei mir verursacht. Und, bei der Gelegenheit, noch eine kleine Randnotiz. Wer belegt den vorletzten Tabellenplatz 17? Die graue Maus aus Wolfsburg. Die Wölfe, wer denn sonst.? Die in der Liga niemand oder fast niemand vermissen würde, wenn es sie denn erwischt hätte.

Und was folgt aus all dem für die Zukunft? Also worin liegt der prognostische Wert dieser Erbsenzählerei? Glasklar dies, dass sich der HSV in der kommenden Saison nur auf seine statistisch verbriefte glorreiche Vergangenheit besinnen muss, damit ihm die nicht weniger glorreiche Zukunft absehbarerweise wieder offensteht. Das folgt daraus. Oder könnte daraus folgen. Denn, wie gesagt, Statistiken und ihr prognostischer Wert haben so ihre Tücken. Da beißt die Maus keinen Faden ab.

Ach ja, noch ein Spaß zum Schluss. Schaut euch mal bei Wikipedia den Strichesalat auf der entsprechenden Seite an. Würde ich am liebsten an dieser Stelle meines Mutmachers platzieren. Denn da kommt wirklich Freude auf. Abstrakte Kunst. Das Netz der Berliner U-Bahn. Oder New Yorks. Ich krieg die Krise. Wird als Grafik bezeichnet. Als Übersicht. Wenn das eine Grafik ist, dann will ich nicht mehr Willi Michel heißen. Eine Übersicht? Da lachen ja die Hühner. Das ist ein einziges Tohuwabohu. Strichkonfusion ohne geistigen Nährwert. Und mit unendlich vielen, wie es scheint, Haltestellen. Ich spreche von den Punkten, Quadraten, Querstrichen etc. Hat wahrscheinlich irgendein Computerprogramm auf der Basis eines hoch komplizierten Algorithmus entworfen. Und dann erst unten die Legende … Schaut's euch an. Sorgt, ist versprochen, für gute Laune. Kann man immer brauchen und im Moment erst recht.

16.

RAUTE

Wer oder was ist eine Raute? Jetzt wird's geometrisch. Aber nur kurz. Versprochen. Also, eine Raute ist ein ebenes Viereck mit vier gleich langen Seiten. Logo. Was noch? Gegenüberliegende Seiten sind parallel und gegenüberliegende Winkel gleich groß. In der Summe 360°. Eine runde Sache. Mit Kanten. Das ist wichtig! Denn das ist die erste charakterliche Eigenschaft unseres Vereins. Rund sein kann jeder. Dazu gehört nicht viel. Aber rund und kantig sein, das ist eigentlich ein Ding der Unmöglichkeit. Und folglich kann das nicht jeder. Genaugenommen keiner. Bis auf den HSV eben, der nicht umsonst die Raute als Wappen hat.

Was aber ist die Raute, unter dem rein geometrischen Gesichtspunkt, noch? Sie kommt, logisch-mathematisch gesehen, vor dem Quadrat zu stehen. Sprich, das Quadrat ist ein Spezialfall der Raute. Und dabei, sofern es auf der Spitze steht, selbst so etwas wie eine Raute. Die Priorität kommt also eineindeutig der Raute zu. Darauf kommt es an. Einerseits. Andererseits, zurück zum Eigentlichen, also zum spieltaktischen Gesichtspunkt, steht die Raute für ein Spielsystem. Ist zwar inzwischen etwas angestaubt und kommt eigentlich nie mehr zur Anwendung. Aber sie hat die Historie im Rücken und passt insofern fantastisch zum HSV. Zu behaupten, dass sie deswegen auch das Wappen unseres Vereins geworden ist, das ginge dann doch etwas zu weit. Man sollte sich mit seinen Begründungen, egal wie gut gemeint sie sind, nie zu weit aus dem Fenster lehnen. Kann man sich bis auf die Haut mit blamieren. Hat dann was von Möchtegern und Bedürftigkeit. Von sich lediglich offensiv gebender Defensivtaktik. So zu tun, als ob, das machen viele. Wir, also mein Verein und die Fans, geben uns mit so einer nichtswürdigen und elenden Schummelei nicht ab.

Die Raute ist also eine runde eckige Sache. Klingt komisch, ist aber so. Sie ist regelmäßig, lässt sich folglich mit Kontinuität assoziieren. Kontinuität ist immer gut. Vor allem für einen Fußballverein. Es sei denn, Selbstkritik, in Maßen, hat stets was für sich – »die Selbstkritik hat viel für sich, gesetzt den Fall ich tadle mich, so hab ich erstens den Gewinn, dass ich auch hübsch bescheiden bin« (Wilhelm Busch) –, Kontinuität buchstabiert sich so, dass kontinuierlich Trainer entlassen und neue, die schon ganz bald wieder die alten sind, eingestellt werden. Mein neuer zukünftiger Ex. Diesen Vorwurf muss sich unser Verein, also die jeweilige Vereinsführung, gefallen lassen. Die Faktenlage ist nun mal eindeutig. Die lässt sich, beim besten Willen, nicht wegdiskutieren. Sonst kreiert man Fake News, wie der Knabe aus dem Weißen Haus mit der oberpeinlichen Elvis-Presley-Tolle.

Wer hat sie sich einfallen lassen? Also, ich meine jetzt selbstredend nicht die Fake News, sondern die Raute … Da gehen die Meinungen ein wenig auseinander. Ich schließe mich dieser Variante an. Hat erstens ohnehin viel für sich. Weil der, der das Urheberrecht für sich in Anspruch genommen hat, in seinem späteren Beruf Werbegrafiker gewesen ist. Und hat zweitens den schönen Nebeneffekt, dass ein ehemaliger Aktiver seine

Fantasie hat spielen lassen. Otto Sommer heißt der Knabe. Kickte als Offensivspieler in den 20er-Jahren des letzten Jahrhunderts für die Rothosen und wurde während dieser Zeit mit dem HSV zweimal Deutscher Meister. Ihm gebührt die Ehre, identitätsstiftend gewesen zu sein. Wem sonst? Schon gleich bei dem Nachnamen. Sonne. Strand. Dolce Vita. Hängematte. Gute Laune. Das Leben.

Henry Lütjens?! Nee, hat kein Identifikationspotenzial. Eher im Gegenteil. Lütt?! Kann's voll vergessen. Das kann nicht die Devise unseres Clubs sein.

Also, von den spieltechnischen Assoziationen abgesehen, ist es die Atmosphäre, die unser Wappen umschwebt. Welche das ist? Ganz einfach: die der Weite des Meeres. Ein endloser Horizont. Das Gefühl von Ewigkeit und grenzenloser Ferne. Denn die Raute war als Symbol bei der Hamburger Handelsschifffahrt im Gebrauch. Pate gestanden hat, wie überliefert ist, der Blaue Peter, ein Flaggensignal für »Alle Mann an Bord«.

Genau. Alle Mann an Bord! Na ja, fast alle. Denn nach dem Abstieg hat es, wie wir wissen, ein paar denn doch in die Fremde gezogen. Entscheidend aber ist, dass Holtby, Hunt, Gotoku Sakai, Tatsuya Ito, Pollersbeck und Douglas Santos an Bord geblieben sind. Und Arp Fiete scheint sich auch endlich dazu durchgerungen zu haben, an der Elbe zu bleiben. Unlängst, bei einem Freundschaftsspiel gegen Büdelsdorf im schönen Eiderstadion, das unsere Jungs im übrigen mit 18:0 – die Augen gerieben, und sich gewundert ... Nein, ist wirklich so. In echt – gewonnen haben – ein Kanterkantersieg auf Handballergebnisniveau –, hat der kühle Blonde vier Tore für sein Team beigesteuert. Und auch Pierre-Michel Lasogga ließ sich mit drei Treffern nicht lumpen. Na bitte, geht doch. Weiter so.

Trotzdem. Einschränkung. Falls sich im Laufe der nächsten paar Wochen an der Mannschaftszusammenstellung in ihrem harten Kern nichts ändert. Wovon ich einfach mal ausgehe, und sei es auch bloß, weil ich davon ausgehen will. Die typisch norddeutsche Sturheit. Kann ich nichts gegen machen. Und warum auch? Sie hat allemal auch ihre Vorteile. Vor allem den, dass man sich nie und auf gar keinen Fall unterkriegen lässt. Und das ist eine charakterliche Eigenschaft, die man unseren Jungs nicht allein in der kommenden Zweitligasaison wünschen möchte. Und wofür, der Kreis schließt sich, die eckige oder kantige Rundheit der Raute steht.

17.

HALBZEIT

Pausentee. Rück- und Ausblick. An der spieltechnischen und einstellungsmäßigen Stellschraube gedreht. Was hat gepasst? Was nicht? Jetzt ist der Trainer gefragt. Also, in diesem Fall, ich. Neu ausrichten oder darauf hinwirken, dass meine Jungs so weitermachen wie in der ersten Halbzeit.

Das sind so Fragen, die sich nach 45 Minuten schweißtreibenden Gerennes stellen.

Also, was hat gepasst? In aller Bescheidenheit: alles. Beginnen wir von vorn. Wenn man so einen Trainer wie den Neuen hat, dann hat man allen Grund, optimistisch in die Zukunft zu schauen. Der Mann strahlt eine warmherzige Ruhe und, ich möchte sagen, höfliche Zuversicht aus. Der hat begriffen, wie man mit dem Menschen im Profi umzugehen hat. Kein aggressives Rumgemoser, kein emotionales Plattmachen und aggressives Gezeter. Sondern Aufbauarbeit leisten. Damit die Mannschaft in ihren einzelnen Abteilungen Zutrauen zu sich fasst. An ihre jeweiligen Stärken glaubt. Und darauf hinwirken, dass jeder seine Stärken auch am effektivsten auf den Platz bringt. Weil er weiß, dass es ihm nicht gleich moralisch an den Kragen geht, wenn ihm ein Fehler unterlaufen sollte. Mobbing? Internes Zerfleischen? Absolute Fehlanzeige. Die Handlungsmaxime lautet: Der Mensch ist fehlbar, hat also, im Rahmen seiner stets begrenzten Möglichkeiten, das Beste aus sich herauszuholen. Und bedarf dazu der mentalen Unterstützung durch den Ersten unter Gleichen. Dafür steht unser Titz, und das kann er, wie sich bereits gezeigt hat, so gut wie wenige andere Trainer der Liga. So etwas wie ein möglicher Jogi-Ersatz. Was ich allerdings nicht gut fände. Die Begründung schenke ich mir.

Das Ambiente muss stimmen. Der Ort, an dem man sich alle zwei Wochen voll reinhaut, muss bereits vom Namen her heimelige Kuschligkeit vermitteln. Nicht diese neudeutschen Verballhornungen à la Imtech Arena. Oder so ähnlich. Wo man selbst bei Heimspielen den Eindruck gewinnen muss, sich irgendwo ganz weit weg zu befinden. In den Vereinigten Staaten von Amerika oder in Weliki Nowgorod. Wo die Stadt liegt? Keine Ahnung. Irgendwo in Russland, schätze ich mal. Ist ja auch egal. Es geht ums Prinzip. Wenn eine Mannschaft schon in den Genuss eines Heimspiels kommt, dann sollte sie das auch genießen können. Alles muss vertraut sein, inklusive des Namens der Spielstätte. Und nicht bloß den Kickern ist dieses natürliche Wohlgefühl zu gönnen. Sondern auch wir, die Abertausenden Fans, bedürfen der emotionalen Bezugspunkte und müssen uns, im besten Falle zu 100 Prozent, mit schlechterdings allem identifizieren können. Und dazu gehört nun einmal unverzichtbar dazu, dass das ovale Rund (!) den Namen trägt, den es über Jahrzehnte und seit Urzeiten getragen hat. Es muss Volksparkstadion heißen. Alles andere ist inakzeptabel! Und das sollten auch die Sponsoren endlich einmal begreifen. Schließlich sind ja auch sie irgendwie davon abhängig, dass es im Verein rundläuft. Also dass sie ihre Penunse nicht für eine Gurkentruppe aus dem Fenster schmeißen. Die letztlich immer wieder nicht begreift, dass sie ein Heimspiel vor der Brust hat. Imtech Arena? Wo ist das denn? Spielen wir heute nicht eigentlich vor heimischem Publikum? Da war doch was!?

Die Mannschaft bleibt in ihrem harten Kern, so wie es im Moment ausschaut, zusammen. Torwart, Abwehr, Mittelfeld, Angriff – eine Einheit, die in den letzten paar Spielen der jüngst vergangenen Saison wie eine Eins funktioniert hat. Leider um ein paar Spiele zu spät. Ich sage bloß Hollerbach. Obwohl Uns Uwe schon recht hat, wenn er darauf hinweist, dass es irgendwie nicht gut ist, wenn jedes Jahr fünf Trainer verschlissen werden. Man sollte also auch nicht alles an dem bärbeißigen Abwehrspezialisten Bernd festmachen. Das wäre denn doch unfair und zu einfach. Trotzdem und dennoch: Das Team ist – endlich! – eine Einheit. Eins. Einheit. Klar so weit? Darin sind nicht nur wir Fans uns einig, sondern ganz Fußballdeutschland sieht es schlussendlich genauso. Wir alle können uns noch gut an die Zeit erinnern – das ging ja so über Jahre –, dass man unserem Team die Pest an den Hals wünschte. Sprich, ohne jede Scham hinausposaunte, dass es endlich einmal an der Zeit sei, dass der Dino den harten Weg in die Zweitklassigkeit antritt. Weil er nämlich seit Jahren bereits zweitklassig ist. Jedenfalls was die Spielweise betrifft. Da waren immer wieder einmal extrem gehässige Töne zu hören. Und auch das verständnisvoll und mitfühlend klingen sollende Geseire, dass es für den Traditionsverein das Beste sei, sich in der Zweitklassigkeit mal so richtig zu regenerieren und neu zu definieren, war, so empfinde ich das, eine schönfärbende und hämische Heuchelei. Aber selbst die, die so herumtönten, gaben zum Ende der gerade abgelaufenen Saison zähneknirschend zu Protokoll, dass es ihnen um den nun doch final gescheiterten HSV leidtäte. Weil nämlich an der Elbe nach Jahren der fußballerischen Enthaltsamkeit und Schonkost endlich wieder Fußball *gespielt* werde. Richtig sehenswert und erfrischend offensiv. Und dass das so bleiben wird, da bin ich mir, bei *den* Voraussetzungen, sicher. Zu hundert Pro!

Der Hauptinvestor und Edelfan mag sich zwar enttäuscht geben und vorgeblich die Spiele seiner Mannschaft nur noch zu Hause vor der Glotze anschauen. Um nicht im Stadion von den eigenen Fans ausgepfiffen zu werden. Was nerven kann, keine Frage. Und das hat der Kühne nun wirklich nicht verdient. Denn ohne seine über Jahre praktizierte finanzielle Spendierfreudigkeit gäbe es unseren Verein eventuell gar nicht mehr. Oder er spielte in der Bezirksoberliga gegen Kleinkleckersdorf. Also beispielsweise Weliki Nowgorod. Aber das wäre ja internationaler Fußball, wenngleich vermutlich auf eben auch nicht wirklich höherem Niveau. – Trotzdem, ich glaube dem Kühne nicht, dass ihm die Zukunft der Rautenelf inzwischen schnurzpiepegal ist. Nein, der Mann ist bloß enttäuscht. Von so ziemlich allem und allen. Kann man, partiell jedenfalls, verstehen. In der Liga lief es jahrelang beschissen. Da gibt es nichts zu beschönigen. Dann kam auch noch der finale Knock-out. Verständlich, dass einen, der Millionen und Abermillionen in den Verein seines Herzens hineingeschaufelt hat, Zweifel zu plagen anfangen, ob er auf das richtige Pferd gesetzt hat. Man will ja schließlich was haben für sein Geld. Und was er zurückbekommen hat für sein finanzielles Engagement war schlussendlich weniger als nichts. Also, Zerknirschung ja und nachvollziehbar. Finaler Rückzug? Nein, da glaub ich nicht dran. Kühne wird unserem Club auch in der Zukunft nicht bloß emotional treu bleiben, sondern bei Bedarf immer wieder auch mal tief in seine Schatztruhe greifen. Wenn es gilt, die Mannschaft personell ein wenig aufzupeppen und auf Erfolgskurs zu bringen.

Aktien kaufen. Nicht bloß der Kühne tut dies in großem Maßstab. Weil mir mit diesem Mutmacher, also diesem Schmöker, der finanzielle Durchbruch gelungen sein wird, weiß ich jetzt schon, was ich mit der Kohle angefangen haben werde. Nicht in Immobilien oder Goldbarren werde ich den Schotter stecken. Nee. Ein finanzielles Engagement bei dem Verein meines Herzens nützt allen. Mir, denn die Asche wird sich vermehren wie nichts. Ohne dass ich dafür sonst noch etwas zu tun brauche. Das übernehmen die Jungs mit ihrer wiedergewonnenen Siegermentalität. Dem Verein, weil nicht bloß sein börsennotierter Wert steigt. Hast du Kohle in der Tasche, haste immer was zu nasche. Kannst also auf noch höherem Niveau Investments tätigen, die sich in naher Zukunft auszahlen werden. Und deswegen, Fans, mein Rat auch an eure Adresse: Engagiert euch, jeweils im Rahmen eurer finanziellen Möglichkeiten, versteht sich. Nicht, dass ihr euch im Überschwang ins Unglück stürzt und Haus und Hof verwettet. Das soll es denn doch nicht sein. Immer schön Maß halten und sich im Rahmen dessen bewegen, was der Geldbeutel gerade noch und wirklich hergibt. Schließlich will ich nicht schuld daran sein, wenn irgendwelche staatlichen Schuldeneintreiber euch das Leben zur Hölle machen und ihr schlimmstenfalls mich für euer Desaster verantwortlich macht. Sodass wir uns vor Gericht wiedersehen …

Die vergangenen Relegationsjahre, also die jeweils nötig gewordenen Entscheidungsspiele um den Auf- oder Abstieg, haben in der Summe eines bewiesen: dass der ins Straucheln geratene Erstligist dem hoffnungsvollen Zweitligisten spielerisch über ist. Für den HSV heißt dies, dass er in der kommenden Saison mit diesem Pfund wuchern kann. Die Mannschaft hat schlussendlich und auf der Zielgerade eindrücklich gezeigt, dass sie es draufhat. Dass sie etwas zuwege bringt, was den Namen Spiel auch wirklich verdient. Dass sie Offensivgeist besitzt. Dass die alte Torgefahr wieder da ist. Dass die Abwehr funktioniert. Dass das Umschaltspiel sich auf einem relativ hohen Niveau befindet. Kurz und gut, dass alle Voraussetzungen dafür vorhanden sind, den direkten Wiederaufstieg zu schaffen. Wie in der Saison zuvor der kleine HSV und die Schwaben aus dem Ländle. Allerdings, aufgepasst Spieler! Ihr werdet die Gejagten sein. Weswegen? Weil ihr für den großen HSV kickt. Deswegen. Alle anderen Vereine beziehungsweise deren Aktive, und zumal die Underdogs wie Sandhausen, Erzgebirge Aue oder Heidenheim, werden alles daransetzen, euch in die Suppe zu spucken. Also, Optimismus ja. Überheblichkeit?! Nein, auf gar keinen Fall! Hybris kam schon immer vor dem Fall. Dafür gibt es Beispiele noch und noch. Ich sag bloß Ikarus.

Der Neue an der Vereinsspitze macht auch Mut. Weil er schon einmal bewiesen hat, dass er es kann. Unter seiner Ägide sind Entscheidungen getroffen worden, denen allesamt Erfolg beschieden war. Bernd Paul Hoffmann hat die letzte große Ära des HSV eingeläutet. Sowohl was das Engagement der Trainer als auch der Spieler betrifft. Da passte alles zusammen. Doll, Stevens, Jol. Rafa van der Vaart, Sergej Barbarez, Stefan »Paule« Beinlich, Jérôme Agyenim Boateng, Khalid Boulahrouz, Guy Roland Demel, David Jarolím, Nigel de Jong, Mehdi Mahdavikia, Joris Mathijsen, Piotr Artur Trochowski, Daniel Van Buyten. Drei Trainernamen, die für Erfolg standen. Zwölf Spieler, die in jedem Verein weltweit in der ersten Mannschaft jeweils

Schlüsselpositionen besetzt hätten. Nee, der Hoffmann, der ist ein Mann vom Fach mit einem fußballerisch geschärften Urteilsvermögen. Weiß auch der jüngst wieder zum Aufsichtsratsvorsitzenden aufgestiegene Max-Arnold Köttgen, wenn er sich wie folgt vernehmen lässt: »Wir brauchen in der aktuellen Situation unseres Clubs im Vorstand größtmögliche Schlagkraft mit Fachkenntnis und Managementqualität, um die richtigen Entscheidungen für die kommende Spielzeit zu treffen. Bernd Hoffmann erfüllt diese Anforderungen zu 100 Prozent und wird gemeinsam mit Frank Wettstein ein sehr gutes Team bilden.« Genau, so sehe auch ich das. – Scheiße nur, dass Hoffmann mit Kühne über Kreuz liegt. Doch, wie gesagt, wozu gibt es den besonnen-warmherzigen und in jederlei Hinsicht grundguten Krischan Titz?! Unter anderem dafür, die beiden Streithähne miteinander auszusöhnen. Das sollte doch machbar sein.

Hermann, unser stets gut gelauntes Maskottchen, dessen Daumen immer nach oben zeigt, bleibt uns ohnehin erhalten. Wurde, wörtlich, von Hoffmann unter »Artenschutz« gestellt. Weil der Clevere auch begriffen hat, dass ein Dino für alle Zeiten das bleiben wird, was er war und ist: ein Dino. Der, rein tiertechnisch gesehen, für die Identität des HSV, Niederlagen hin oder her, mit seiner positiven Grundstimmung einsteht. Woche für Woche und für alle Zeit. Was sollte das auch sein, ein Ex-Dino? Ein Dino, der seine Identität verloren hat?! Also ein, sagen wir mal, Nashorn? Da lachen ja die Hühner. Weil, das ist so was von absurd. Und hätte deswegen eigentlich auch gar nicht erwähnt werden müssen. Nee, Hermann bleibt Hermann. Punkt.

Die Arminen aus Bielefeld. Der, wenn man so will, Brudervereín aus Westfalen. Da ging einiges hin und her. Sowohl was die Spieler als auch das Umfeld betrifft. Und wenn man es mit dem Dino-Aspekt an dieser Stelle mal nicht so genau nimmt, denn die von der Alm sind natürlich in *dem* Sinne kein Dino, dann kommt es in der kommenden Saison zu so etwas Ähnlichem wie einem Dino-Duell. Zweimal. Die unter Artenschutz gestellten Riesen aus dem – erdgeschichtlichen – Jura kreuzen die Klingen. Wer bei diesem Kampf der Giganten – ich übertreibe jetzt mal etwas, weil, die Arminen, ein Gigant …? – jeweils als Sieger den Platz verlassen wird, das ist ja wohl keine Frage. Und in dem historisch unterlegten Zusammenhang sei auch daran noch einmal erinnert, dass es nämlich in der nächsten Spielzeit darüber hinaus insgesamt vier Derbys geben wird. Gegen den FC St. Pauli sogar ein doppeltes Stadtderby und gegen die Störche aus Kiel ein Ersatz-Nordderby. Na, ist das was? Darauf können wir Fans uns auch schon freuen. Gleich am ersten Spieltag steigt die Chose.

Magenta?! Finde ich – deutliche Helm-Peter-Worte sind dort angebracht, wo sie hingehören – scheiße. Das ist für mein Empfinden keine Farbe. Jedenfalls keine eindeutige. Nicht Rot, nicht Blau, nicht Lila, nicht Gelb. Irgendetwas dazwischen und von allem etwas. Ein Farbenkuddelmuddel. Das Gesamtpaket HSV muss, zumal auf des Gegners Platz, eindeutig sein. Trikotfarbe inklusive. Zweideutigkeiten haben im Fußballsport wie auch sonst im Leben nichts verloren. Die eingenommene Position muss klar und präzise sein. Zweifel sind kontraproduktiv. Wenn es dann also schon nicht das Rote und das Weiße sein kann, dann, meinetwegen, das Himmelblau. Damit können wir Fans leben. Und die Mannschaft, einstellungsmäßig, auch.

Dass wir Helm-Peter zu den Unseren zählen können, ist ein wahrer Glücksfall. Ein unverwechselbarer Fan, den es so auf der Welt kein zweites Mal gibt. Gehört also auch unter Artenschutz gestellt. Weil er Woche für Woche mit seinen grundsoliden Prognosen zum einen für gute Laune sorgt und uns Fans, zum anderen, allen miesen Erfahrungen zum Trotz, an unseren HSV trotzdem glauben lässt. Der Behelmte hat uns mit seiner warmherzigen, schnoddrigen, ruhigen und ab und an aufbrausenden Art, also mit der spezifisch hamburgischen Variante plattdütschen Rumgemosers, schon aus manch mental-emotionaler Krise herausgeholfen. Weil der passionierte Radfahrer weiß, wovon er spricht. Und das nicht nur, wenn er sich über den jeweiligen Leistungsstand unserer Mannschaft auslässt. Nee, Helm-Peter hat auch über die anderen Clubs der ersten Liga immer wieder Wissenswertes mitzuteilen. Und vor allem: Er behält – meistens – recht.

Stevens, der harte Trainer-Fuchs aus Holland, steht auch weiterhin zu unserem Verein. Fand die Stadionuhr zum Kotzen. Weil sie, durch ihre pure Existenz, Druck erzeugte. Weswegen er froh ist, dass die Sekundenzählerei über Jahrzehnte endlich der Vergangenheit angehört. Und das zeigt uns, dass unter der rauen Schale ein weiches Herz schlägt. Für unseren HSV. Dem er, im ersten und hoffentlich letzten Jahr seiner Zweitligazugehörigkeit, alles Gute wünscht. Der, das ist ganz wichtig, daran glaubt, dass der sofortige Wiederaufstieg geschafft werden kann. Weil auch er begriffen hat, dass mit Krischan Titz jetzt endlich ein Trainer das Sagen hat, der den Spielern wieder die Freude am Spiel vermittelt (hat). Auch wenn er, der alte Haudegen, ganz genau weiß und es auch sagt, dass es trotzdem alles andere als leicht werden wird, die Erstklassigkeit in kürzester Zeit wiederzuerlangen. Weil nämlich die Underdogs den Traditionsverein jagen werden. – Denkt man das alles zusammen, kommt man, gemeinsam mit Huub, zu dem Ergebnis, dass die Zeichen insgesamt auf Sieg stehen, wenn man kühlen Kopf behält und es mit dem Enthusiasmus nicht übertreibt.

Martin Jol, sein holländischer Nachfolger auf dem Trainersessel, sieht das alles letztlich ganz genauso. Weil er bereut, den Verein damals verlassen zu haben, sind wir Fans dem ruhig-bedächtigen Vulkan noch extra emotional verpflichtet. Für drei Dinge stand der Mann: Er war ein Fan von Felix Magath, bevorzugte das offensive Spiel und hatte ein Näschen dafür, die Jugend heranzuführen ans Mannesalter. Außerdem war ihm die Freie und Hansestadt Hamburg ans Herz gewachsen. Alles Eigenschaften und Einstellungen, die haargenau auf seinen Nach-nach-nach ...-Folger Krischan Titz zutreffen. Was soll da noch schiefgehen?

Uns Uwe. Das Hamburger Urgestein hätte nie gedacht, dass er das noch erleben müsste. Dass der Verein seines Herzens, dem er immer, sei's als Spieler, sei's als Fußball-Rentner, die Treue gehalten hat, jemals absteigen würde. Jemals? Jedenfalls zu seinen Lebzeiten. Das ist den Ehrenspielführer der deutschen Nationalmannschaft hart angekommen. Und nicht nur ihn. Aber den Schmerz verknust, ist auch bei ihm hinsichtlich dessen, was kommen wird, kontrollierter Optimismus angesagt. Einmal sowieso. Denn es handelt sich schließlich um den Traditionsverein mit der Raute im Wappen. Der oder die wird nie vergehen. Beides wird Bestand haben. Und Bestand haben wird auch, dass Uns Uwe selbstredend auch in der kommenden Saison bei den Heimspielen ins Stadion pilgern und mitfiebern wird. Quasi der 13. Mann. Das ist ja wohl keine Frage.

Statistiken haben, wie jedes Kind weiß, ihre Tücken. Zu jeder Ableitung existiert eine mindestens genauso plausible

Gegenableitung. Halten wir uns also an die Faktenlage. Und die ist eindeutig. Zur Zeit rangiert unser HSV in der *Ewigen Tabelle der Fußball-Bundesliga* auf Platz drei. Einen hinter den Werderanern – schluchz! –, einen vor den Borussen – Yepeah! Einschränkung: ewig?! Muss ich jetzt nicht weiter begründen, warum das Käse ist. Ist bereits geschehen. Trotzdem, erwärmt das Herz, dass unser Club momentan, warum auch immer, der Dritte von oben ist. Und irgendwann in grauer Vorzeit mal der erste Vierte (oder war es umgekehrt?!) gewesen ist … Und sollten wir in der kommenden Spielzeit ein paar Plätze einbüßen, wovon auszugehen ist, die holen wir locker wieder auf, wenn am Ende der Saison der Wiederaufstieg geschafft ist.

Die Raute ist, neben dem Kreis, den sie impliziert, weil sie eine runde eckige Sache ist, die wichtigste und grundlegende aller geometrischen Figuren. Neben dem Dreieck, wovon wir jetzt aber mal abstrahieren. Sie steht also auf einer wissenschaftlich soliden Basis. Und sie steht für ein nicht mehr ganz aktuelles Spielsystem. Darüber hinaus hat sie, was namenstechnisch von Belang ist – von wegen die Stimmung –, ein Herr Sommer erfunden, der sogar mal für unseren HSV als Offensivkraft tätig war. Und, last but not least, die Raute war als Symbol bei der Hamburger Handelsschifffahrt in Gebrauch. Pate gestanden hat, wie überliefert ist, der Blaue Peter, ein Flaggensignal für »Alle Mann an Bord«. Das passt und gibt die Richtung für die nächste Saison vor.

Halbzeit kann man nicht auf sich selbst anwenden. Das lehrt die Grundlagenmathematik. Tut man es trotzdem, verfängt man sich in einem schlechten unendlichen Zirkel. Heißt, sagt immer wieder das Gleiche und also rein gar nichts. Sollte man also die Finger von lassen. Ick schwindel doch so licht, as miene

Moder seggen deit. Geit mie nich anners. As ick wat seggen tu, un dörbie rein wech gor nix sech …

Das klingt doch alles, in der Summe und abgesehen von dem letzten tüdeligen Geschnacke, gar nicht so schlecht. Tatsächlich klingt das alles verteufelt gut und macht Mut, für das, was auf uns Fans und den Verein zukommen wird. Und weil das so ist, ist, zum Start der Rückrunde, der Zeitpunkt so günstig wie nie, eine Reloaded-Hymne auf meinen HSV anzustimmen …

18.

HSV-HYMNE-RELOADED

Der Fan, er weiß es ganz genau,
Was uns steht nun bevor.
Die Zukunft sie scheint grau in grau,
Drum leiht mir euer Ohr.

HSV, HSV, leuchtet, Farben, Rot – Weiß – Blau,
HSV, HSV, selbst wenn der Himmel über Hamburg grau.

Nicht Grau ist unsre Farbe,
So wird es niemals sein.
Hinfort mit jener Narbe,
Bereitet keine Pein.

HSV, HSV, leuchtet, Farben, Rot – Weiß – Blau,
HSV, HSV, selbst wenn der Himmel über Hamburg grau.

Vergangen ist vergangen,
Die Zukunft beginnt jetzt.
Sie hält uns schon gefangen,
Wir lachen stets zuletzt.

HSV, HSV, leuchtet, Farben, Rot – Weiß – Blau,
HSV, HSV, selbst wenn der Himmel über Hamburg grau.

Humor hat einen Namen,
Den buchstabier ich euch.
Wir sind doch nicht die Lahmen,
Nee, Schluss mit dem Gekeuch!

HSV, HSV, leuchtet, Farben, Rot – Weiß –Blau,
HSV, HSV, selbst wenn der Himmel über Hamburg grau.

Nein, unser Kopf ist oben,
Wenn alles fällt, wir nicht!
Wir stehen all dort droben,
Ganz nah am Sonnenlicht.

HSV, HSV, leuchtet, Farben, Rot –Weiß – Blau,
HSV, HSV, selbst wenn der Himmel über Hamburg grau.

Und stimmen an Gesänge,
Ein Sturm er bricht herein.
O ja, ein wüst Gedränge,
Du Mannschaft, du bist mein.

HSV, HSV, leuchtet, Farben, Rot – Weiß – Blau,
HSV, HSV, selbst wenn der Himmel über Hamburg grau.

Sie wird uns nie verlieren,
Wir stehen dicht an dicht.
Was soll uns all das Plieren?
Das Team es hält Gericht.

HSV, HSV, leuchtet, Farben, Rot – Weiß – Blau,
HSV, HSV, selbst wenn der Himmel über Hamburg grau.

Wohin uns all das führet?
Ich sag es punktgenau.

Dorthin, wo's uns gebühret,
Der Kölner nennt's Helau!

HSV, HSV, leuchtet, Farben, Rot – Weiß – Blau,
HSV, HSV, selbst wenn der Himmel über Hamburg grau.

Drum nehmt euch bei den Händen,
Und lacht euch ins Gesicht.
Zum Guten wird sich's wenden,
Um uns herum wird's licht.

HSV, HSV, leuchtet, Farben, Rot – Weiß – Blau,
HSV, HSV, dann ist der Himmel über Hamburg
nicht mehr grau.

19.

FC SÃO PAULO

Mal ganz weit zurück in die Vergangenheit. Ein langer Anlauf. Damit man unter dem Konditionsgesichtspunkt gewappnet ist für das, was noch alles auf uns zukommt.

Der Ort? Beziehungsweise das Land? Brasilien. Fünfmaliger Fußballweltmeister. Auch ein Rekord. Bis dato. Ob die Deutschen diese Bestmarke bei dieser WM egalisieren können, ist noch sehr die Frage. Nach ihrem desaströsen Auftreten gegen die Mexikaner darf leiser Zweifel angemeldet werden. Was das heutige Abendspiel gegen Schweden bringen wird? Wirklich zuversichtlich bin ich nicht. Hummels verletzt, und das, da doch gerade die Abwehr gegen die Mittelamerikaner ein einziger konteranfälliger Torso gewesen ist.

Dass wir alle es inzwischen längst besser wissen … Ist zwar so, und vor allem ich habe es gewusst, bevor es, in dem Sinne, überhaupt passiert war. Aber wenn man der jeweiligen Gegenwart nicht die ihr gebührende Aufmerksamkeit schenkt und sich ihr mit allem, was man hat, widmet, lebt man permanent an seinem eigenen Leben vorbei. Das ist nämlich einer der vielen Nachteile, wenn man immer schon weiß, was gewesen sein wird. Der wirklich gelebte Augenblick geht darüber so was von flöten. Wenn man bloß noch in der Vorvergangenheit – nicht – gelebt haben wird …

Gerade eben, also ehedem, ich schweife erneut ab, ich weiß, haben die Belgier Tunesien mit 5:2 vernascht. Was willst du machen, wenn dich als Fan die Begeisterung packt?! Ein echter Fan fiebert nicht bloß mit seinem Verein oder der Fußballnationalmannschaft seines Landes mit. Nein, der hat einen kritischen Blick auch auf die Leistungen all der anderen (National-) Mannschaften, die den Gipfel des fußballerischen Olymps erstürmen wollen. Wie Helm-Peter.

Deswegen noch einmal Belgien. Die roten Teufel. Heißen nicht bloß so, sondern spielen auch so. Wie die Teufel eben. Schunge, Schunge, sind die gut drauf. Um ihren Superstar mit der Nummer 10 auf dem Rücken, Eden Hazard, der mal einfach so zwei Dinger versenkt hat. Ein Elfer, nachdem er selbst gefoult worden ist. Aber das andere Tor, das war ja so was von Weltklasse! Langer Ball aus dem Mittelfeld. Mit der Brust angenommen, runtergepflückt und, trotz Bedrängnis, eiskalt versenkt. Chapeau, der Knabe hat es voll drauf.

Aber nicht bloß der. Nein, die ganze Mannschaft ist eine Einheit, in der alles zusammenpasst. Diverse Cracks, die sich nicht wie selbstverliebte Cracks aufführen, sondern stets einen Blick für den besser postierten Nebenmann haben. Kurzpassspiel, Ball in die Tiefe, ständig in Bewegung. – Hat was Brasilianisches, wie die Red Devils den Ball laufen lassen. Keine Frage. Und keine Frage ist auch, dass sie spätestens seit diesem Spiel für mich zu den ganz heißen Titelanwärtern zählen. Zusammen mit den Kroaten und – wahrscheinlich ist das so, auch wenn es mir gehörig auf die Nerven geht, falls meine Befürchtung eintrifft – den Franzosen. Dass sich das mit den Kroaten seit dem Kick gegen die Dänen relativiert haben wird, werde ich, glaube ich, bereits gesagt haben.

Brasilien. Auch noch ein Wort zu dieser Mannschaft der Superstars rund um Neymar Júnior. Der tat mir gestern im Spiel gegen Costa Rica so was von leid. Jedenfalls bis in die Nachspielzeit, in der ihm – endlich! – der ersehnte und hochverdiente Treffer zum 2:0 gelang. Mann, war das Jüngelchen ein Nervenbündel. Nach dem Abpfiff kniete er minutenlang auf dem grünen Rasen, die Hände vorm Gesicht, und ließ den Tränen freien Lauf. Das war keine Schauspielerei. Nee, der Arme steht derart unter Druck, weil ein ganzes Land seine ganze Hoffnung an ihn hängt. Auf seinen schmalen Schultern, da lastet was. Da sind schon ganz andere dran zerbrochen. Ich sage nur: Lionel Messi. Und der ist um und bei fünf Jahre älter als der Jungspund vom Zuckerhut.

Und dann wurde er auch noch ständig von den Gegenspielern unfair in die Zange genommen. Obwohl, der Elfer, das war nun wirklich kein Elfer. Da hat er dann doch ein wenig geschauspielert. Und er hat es gewusst, so wie er nach der videounterlegten Rücknahme der Entscheidung seitens des Schiris aus der Wäsche geguckt hat. Trotzdem, irgendwie konnte ich auch diese Schwalbe verstehen. Denn er hatte, von allem anderen mal abgesehen, auch noch das Pech, dass Keylor Antonio Navas, dieser Teufelskerl, Dinger von ihm und seinen Mitspielern pariert hat, die du normalerweise nicht parieren kannst. Ist halt kein Zufall, dass der wie ein biederer Handelsvertreter aussehende Goalie bei den Königlichen aus Madrid zwischen den Pfosten steht.

Nee, also, nach der gestrigen Leistung, speziell in der 2. Halbzeit, sind die Brasilianer für mich bei diesem Turnier auch Mitfavoriten auf den Titel. Zumal wenn man bedenkt, welche Last Neymar Jr. von den Schultern gefallen ist. Der kann fortan befreit aufspielen und den Rest der Mannschaft mitreißen, da bin ich fest von überzeugt. Könnte für den 6. Titel reichen.

Brasilien. Zuckerhut. HSV. HSV? Ja, HSV. Wem sagen die Namen Hans Nobiling und Hermann Friese noch etwas? Wahrscheinlich niemandem. Mutmaße ich mal. Fehler. Ganz großer Fehler. Die sollte man als HSV-Fan kennen! Weshalb? Weil sie es waren, die zu Beginn des 20. Jahrhunderts »bedeutende«, wie es heißt und geschrieben steht, »Pioniere des Fußballs in Brasilien waren«. Beides Hamburger Jungs und fußballerisch im weitesten Sinne aus unserem Verein hervorgegangen.

Nobiling gründete in São Paulo den SC Internacional. Ja, na und?!, wird manch einer denken. Soll er und Glückwunsch dazu. Mooomang! Aus diesem Verein wurde – na?, wer weiß es? Keiner? Setzen, Fünf! – der spätere Weltpokalsieger São Paulo FC. Aber damit nicht genug. Denn er hat darüber hinaus den SC Germânia mit auf den Weg gebracht, der sich seither als EC Pinheiros zum größten Sportverein der südlichen Hemisphäre entwickelt hat. Na, ist das was? Ich denke schon. Das nenn ich mal fußballerische Entwicklungshilfe ohne irgendwelche Nachteile für diejenigen, die entwickelt wurden.

Zuvor, während seiner Zeit an der Elbe, ist er mit der Mannschaft Hamburg-Meister geworden. Als der am 10. September 1877 in Hamburg geborene Nobiling als 20-jähriger Jungspund nach Brasilien, ins schöne São Paulo, auswanderte, hatte er eigentlich vorgehabt, dem ehrenwerten Kaufmannsberuf nachzugehen. Daraus wurde dann doch nichts. Da seine ganze Liebe dem Fußballsport galt. Sein Markenzeichen war übrigens die Krawatte, die er selbst beim Kicken nicht ablegte. Ist nicht ganz ernst gemeint … Trotzdem, ich bleibe dabei, Nobiling war ein wahrer Gentleman und Mann von Format. Und ein Weltmann mit der dazugehörigen weltbürgerlichen Einstellung, ja, das war er auch. Trotz seines Kaiser-Wilhelm-Zwirbelbartes. Und das passt zu der Stadt an der Elbe, die ja auch nicht allein ihres Hafens wegen seit Urzeiten in dem Ruf steht, so etwas wie das Tor zur Welt zu sein. Und zu seinem Namen. Nobiling. Nobel …

Dieser Offenheit wegen war es mir ein wahres Bedürfnis, die Gedanken etwas weiter zurück in die Vergangenheit schweifen zu lassen. Weil ich der Meinung bin, und jetzt kommt, zu Beginn der Rückrunde, wieder unser Titz ins Spiel, dass das, was den Weltmann und Weltenbürger ausmacht, in unserem neuen Trainingsleiter aufs Schönste und Harmonischste vereinigt ist.

Und Friese, was war mit dem? Ich sag es euch. Der war der erste wirkliche Fußballstar Brasiliens. Ein Hamburger Jung auf allerhöchstem fußballerischen Niveau auf dem amerikanischen Subkontinent. Er gilt als der herausragende Spieler der Frühzeit des brasilianischen Fußballs. Wurde mit seinem Verein zweimal Meister und war mehrfacher Torschützenkönig. »Die Zeitung *O Estado de São Paulo* bezeichnete ihn 1903 als den ›sensationellsten Fußballer aller Zeiten‹.« So steht es geschrieben. Wer hätte das gedacht?! Aber er war noch mehr, der gute Friese. Anno Domini 1902 war er auch deutscher Meister im 1500-Meter-Lauf. Also ein Mittelstreckler mit fantastisch ausgeprägten Fähigkeiten am Leder. Diese sportliche Mischung, vereinigt in einem Menschen, ist eine Rarität. Und mit all dem nicht genug, er hat sich auch noch als Schiedsrichter einen Namen gemacht.

Aber was Friese zum Vorbild für jeden Fußballprofi macht, ist noch dieses hier. Er nahm immer den Platz auf dem Spielfeld ein, auf dem er seiner Mannschaft am meisten von Nutzen sein konnte. Ein Teamplayer also und Tausendsassa, der vermutlich sogar beidfüßig war. Also mit links und rechts abschließen konnte. Hochgewachsen und kräftig gebaut, wie Friese war – Nomen est Omen! –, bevorzugte er das körperbetonte Spiel. Weswegen man ihm ehrfurchtsvoll den Beinamen »Vorschlaghammer« – auf Portugiesisch heet dat »marreta« – gab. Klingt in der Landessprache wirklich furchteinflößend. Aber Friese war nicht bloß beinhart, wenn die Spielsituation dies erforderte, sondern er war auch und vor allem ein Dribbelkünstler und konnte entsprechend mit dem Ball umgehen wie kaum einer sonst. Ein frühes Fußballgenie eben, gebürtig aus der Freien und Hansestadt Hamburg. Und deswegen, der Patina zum Trotz, die sich mittlerweile über seinen Ruhm gelegt hat, ein Vorbild auch für die heutige Fußballergeneration. Also für die Jungs, die sich in der kommenden Saison voll reinhauen und für den Verein alles geben werden. Spätestens dann, wenn sie, nach der Lektüre dieses Schmökers, verstanden haben, in wessen Fußstapfen sie nach Möglichkeit zu treten haben. Bleibt bloß zu hoffen, dass sie unter dem Druck nicht zerbrechen.

Last but not least und unter dem Gesichtspunkt weltmännischer Liberalität und eines extrem sympathischen Humanismus sei noch dies hervorgehoben: Nobiling hat gemeinsam mit Hermann Friese, der ebenfalls für den Hamburger SC Germania gekickt hatte, um 1909 herum die Öffnung seines Vereins auch für Farbige unterstützt. Können sich selbst und gerade heute noch 'ne Menge Leute 'ne Scheibe von abschneiden. Von wegen Würde des Menschen und so. Über die unser Titz auch mehr als bloß ein Wörtchen mitzuteilen hat. Weil er warmherzig ist. Weiß, unter welch enormem Druck nicht bloß der Fußballprofi steht. Der darum auch immer mal wieder auf ein paar Streicheleinheiten angewiesen ist. – Und insofern beginnt die Rückrunde eigentlich genauso wie die Hinrunde, auch wenn der Umweg über die WM, die Historie und Brasilien das so nicht erwarten ließ. Mit dem neuen Hoffnungsträger beim HSV, der all das in seiner Person vereinigt, wofür die altvorderen Hamburger Jungs Hans Nobiling und Georg Paul Hermann Friese anno dunnemals bereits standen.

20.

TORJÄGERKANONE

Puh! Das war knapp. Auf die allerletzte Minute das 2:1 erzielt. War ja eigentlich bereits die allerletzte Sekunde. Denn gleich danach war Schluss. Mann o Mann, das hätte bannig ins Auge gehen können. Hätte der Kroos Toni nicht diesen Zucker angeschnittenen Freistoß ins lange Eck über Freund und Feind hinweg aus dem Hut gezaubert, unsere Jungs hätte voraussichtlich dasselbe Schicksal ereilt wie die Gauchos aus Argentinien um ihren Superstar Lionel Messi. Der worst case ist noch gerade mal so abgewendet worden. Zumal sie jetzt, im letzten Gruppenspiel, den vermeintlich leichtesten Gegner haben. Und wo die Südkoreaner mit zwei Niederlagen auf der Habenseite ohnehin bereits ausgeschieden sind. Könnte allerdings – kleiner Wermutstropfen – auch ungeahnte Kräfte freisetzen, im Sinne von: wir haben ja ohnehin nichts mehr zu verlieren, also frisch von der Leber weg und Halali.

Wird genauso gekommen sein … An späterer Stelle werde ich darauf zurückgekommen sein.

So weit, so gut. Aaaaber! Was mich beunruhigt, ist das Folgende. Frage: Steht eine Mannschaft auf dem Platz? Blöde Frage? Das sieht doch jeder, dass da eine Mannschaft auf dem Platz steht, du Dösbaddel. Wirklich? Ich frage mal anders. Ist so etwas wie eine Identität erkennbar? Eine in sich schlüssige

Form des Zusammenspiels der einzelnen Mannschaftsteile? Zunächst, 15 Minuten lang, ja. Zumal nach dem spielerischen Offenbarungseid eines aufgescheuchten Hühnerhaufens gegen die Mexikaner. Inklusive der daraus resultierenden zwei bis drei Chancen. Aber dann ging so etwas wie ein Riss durch die Mannschaft. Und spätestens nach dem selbst verschuldeten 0:1 gingen die Selbstzweifel wieder los. Und zwar bei jedem Einzelnen des Teams. Hätte es dann noch den berechtigten Elfer gegeben … Gute Nacht, Marie! Das wär's dann endgültig gewesen.

Gut, gleich nach dem Pausentee haben sie sich wieder berappelt und so gespielt wie zu Beginn des Fights. Und dann fiel ja auch schon bald der Ausgleich durch den extrem präsenten Marco Reus. Der übrigens mehr als bloß ein Ersatz für den auf die Bank verbannten Mesut Özil gewesen ist. Neben Timo Werner der auffälligste Spieler aufseiten der Deutschen.

Je länger das Spiel andauerte allerdings, desto fahriger wurde die ganze Spielanlage wieder. Und dann flog auch noch Boateng nach seinem saublöden Foul vom Platz, sodass es spätestens zu dem Zeitpunkt zappenduster aussah. Gut, kann man sagen, sie sind wieder aufgestanden und haben, nachdem sie sich kurz geschüttelt hatten, zur Schlussoffensive geblasen. Mit dem bekannten Ergebnis des Last-second-Treffers.

Aber noch einmal gefragt: Stand während der 90 Minuten ein Team auf dem Platz, das wirklich an sich geglaubt hat? Und entsprechend geschlossen und selbstbewusst aufgetreten ist? Ich finde nicht. Bereits die Tatsache, dass Sebastian Rudy in dieser Partie den Platz von Sami Khedira als zweiter Nummer 6 neben Toni eingenommen hat, gibt zu denken. Das bei der WM 2014 so famos funktionierende Scharnier zwischen Verteidigung und Mittelfeld mit Khedira und Schweinsteiger, es hat zu existieren aufgehört. Womöglich, weil Schweinis unbedingter Siegeswille abhandengekommen ist. Mit dem Spieler ist auch die Einstellung futsch. Im Mittelfeld glänzt Thomas Müller letztlich nur dadurch, dass er alles Mögliche versucht und damit, wie bei der letzten EM, immer wieder kläglich scheitert. Notorische Torgefahr wie vor vier Jahren? Fehlanzeige. Überhaupt, das Herzstück, also das Mittelfeld, das bei der WM in Brasilien geradezu als überbesetzt galt und ein Luxusaufstellungsproblem - Scrabble! - verursachte, hat, meines Erachtens, stark von seinem früheren Glanz eingebüßt. Allenfalls Reus vermochte, wie gesagt, zu überzeugen. Aber der war ja, bekanntermaßen, die beiden letzten Male verletzungsbedingt nicht mit dabei, der notorische Pechvogel mit der hohen Verletzungsanfälligkeit. Allein um seinetwillen hoffe ich, dass das Team, das in dem Sinne keines mehr ist, möglichst weit kommt. Weil Marco eben doch ein Spieler ist, der mit seinem Pfund wuchern kann. Wenn man ihn nur lässt.

Mit der Leistung des Sturms kann man, wie erwähnt, halbwegs zufrieden sein. Ich sage nur Werner Timo. Der wieselflinke Youngster us Lääpzsch. Und die Abwehr. Was ist mit der? Hummels, der an Spritzigkeit eingebüßt zu haben scheint und der auch nicht mehr diese Sicherheit im Stellungsspiel ausstrahlt, ist verletzt. Halswirbelprobleme. Gute Besserung von dieser Stelle! Boateng, bei dem der alte Schlendrian wieder Einzug gehalten zu haben scheint, gesperrt fürs nächste Spiel. Ist immer wieder mal um den entscheidenden Tick zu langsam unterwegs gewesen. Also das Herzstück, die Innenverteidigung auf Weltklasseniveau, funktioniert auch nicht mehr so, wie sie soll. Antonio Rüdiger, also der mit dem immer für leichte Irritationen sorgenden Doppelvornamen, war, nach seinem glücklicherweise glimpflich abgelaufenen Schnitzer, salopp gesagt nur noch ein Nervenbündel. Da konnte er so entschlossen aus der Wäsche schauen, wie er wollte. Der für Rudy nach seinem Nasenbeinbruch aufs Feld gekommene Ilkay Gündogan war die ganze Zeit über mehr oder weniger unsichtbar und spielte ausnahmslos Sicherheitspässe im Mittelfeld. Und Kimmich schlug Flanken, die diesen Namen nicht verdienten. Einzig Neuer strahlte die gewohnte Souveränität und Zuversicht aus. Und das nach der monatelangen Verletzungspause mit so gut wie keiner Spielpraxis vor dem Turnier. Chapeau!

Aber das ist noch nicht das, worauf ich hinauswill. Einen schlechten Tag erwischt jeder mal. Auch die gesamte Mannschaft kann mal geschlossen neben sich stehen. Keine Frage. Aber, mein Empfinden ist, dass diesem Team etwas ganz Entscheidendes abgeht. Nämlich, ein Team zu sein und sich als solches zu fühlen und entsprechend zu präsentieren. An sich zu glauben. Ich drück's mal so aus: Was fehlt, ist das Selbstgefühl, eine Einheit zu sein. Eine unverwechselbare Identität zu haben. Die sie über 90 Minuten ausstrahlt. Oder andersherum gesagt: letztlich von keinen Zweifeln an sich selbst und ihrem Leistungsvermögen angenagt zu sein. Und also, wenn nichts Unvorhergesehenes passiert, auf jeden Fall als Sieger den Platz zu verlassen. Das ist es.

Gegenbeispiele gefällig? Bitte schön! Damit kann ich dienen. Kroatien, Belgien, Russland, Brasilien (in Maßen), Mexiko, die Schweiz, die Three Lions von der Insel – ausgerechnet und wie es ausschaut – und Frankreich, das sind Mannschaften, die umgibt während des gesamten Kicks eine Aura, unverwundbar zu sein. Hat, bei den Franzosen, schon etwas von Überheblichkeit.

Kann sich und wird sich, hoffentlich, rächen. Diese Mannschaften glauben an sich und spielen entsprechend auf. Wie, auf Vereinsebene, die Madrilenen und die Bayern aus München international … eben letztlich nicht. Und das macht für mein Empfinden den Unterschied zu vor vier Jahren aus. Weswegen ich nicht daran glaube, dass unsere Jungs, gesetzt den Fall, sie überstehen die Gruppenphase, über das Achtelfinale hinauskommen. Vor allem dann nicht, wenn sie dort auf die Seleção treffen. Oder die Eidgenossen.

So, das musste gesagt werden, nach dem nervenzerfetzenden Kick von gestern Abend. Lag mir auf der Seele. Weil es mich innerlich extrem unruhig macht, wenn ich auf den Gesamteindruck, den unser Team hinterlässt, reflektiere. Auch und gerade, weil nach dem Spiel wieder von fast allen auf ungetrübten Optimismus gemacht wurde. Der ist nicht und auf gar keinen Fall angebracht. Dazu stehe ich. Punkt.

Torgefahr. Also etwas, was den Rothosen während der letzten Jahre notorisch abgegangen ist. Und unseren Nationalspielern fatalerweise auch. Was die gestern Abend an Chancen versemmelt haben … Ich schweife wieder ab. Sorry. – Allein Robert Lewandowski hat im Laufe der letzten Saison genauso viele Tore erzielt wie unsere ganze Mannschaft zusammengenommen! 29 an der Zahl. Unser Team war hinter dem Sport-Club aus Freiburg mit 32 erzielten Treffern das absolut ungefährlichste der gesamten Liga. Das kann und darf eigentlich nicht sein. Ist aber so. Deswegen Rückschau, um, wiederum, aus der Vergangenheit Mut zu schöpfen.

Uns Uwe, die Zweite. Das Hamburger Urgestein und die treue Seele hat mit 30 Treffern in 30 Spielen – so geht Symmetrie – die erste Torjägerkanone der Bundesligahistorie gewonnen. Wieder so ein Rekord für die Ewigkeit. Den nimmt ihm keiner mehr weg. Da kann Lewandowski, sofern er überhaupt bei den Bayern bleibt, in der kommenden Saison so viele Tore schießen, wie er will. Na, ist das was?! Eine gleiche oder bessere Trefferquote erreichten in der Bundesliga nur kleines, dickes Müller, dem das allerdings gleich sechsmal gelang, der andere Müller, also der Dieter von der Geißbockelf – freilich bloß einmal –, ein gewisser Edinaldo Batista Libânio, genannt Grafite – mit dessen Namen ich, ehrlich gesagt, zunächst einmal gar nichts anfangen kann – und eben Lewandowski. – Hab mich kundig gemacht, und dann fiel der Groschen auch. Grafite hat für die Wölfe aus Wolfsburg zwischen 2007 und 2011, also in der Zeit gekickt, als die Werkself unter Felix Magaths kundiger und beinharter Regie das letzte Mal deutscher Meister geworden ist. Anno Domini 2009 war das. Ist auch bereits ein Weilchen her. Wie die Zeit vergeht … Müller übrigens, eine unqualifizierte Bemerkung am Rande, scheint die Träger dieses Familiennamens irgendwie zu prädestinieren, das Tor öfter als meinetwegen Hummels, Boateng und Müller – kleiner Scherz – zu treffen.

Wo ich gerade dabei bin, doppelten Trost in der Vergangenheit zu suchen und zu finden, um mir und euch ein solides moralisch-einstellungsmäßiges Fundament für das, was kommt, zu erarbeiten, kurz noch dies. In der Saison 1971/72 hörte das Gestirn Uwe Seeler, das den Nachthimmel über Hamburg über ein Jahrzehnt hatte erstrahlen lassen, zu leuchten auf. Metaphorisch gesprochen. Kühl und hanseatisch sachlich ausgedrückt: Das war die letzte Spielzeit als Aktiver für Uns Uwe. Am 1. Mai 1972 fand sein hochverdientes und heiß umjubeltes

Abschiedsspiel vor 62.000 Zuschauern im ausverkauften Volksparkstadion statt. Das unscheinbare Kopfballungeheuer trat zusammen mit seinem HSV gegen eine von ihm selbst zusammengestellte Weltauswahl an. Dass der Verein seines Herzens das Ehrerweisungsspiel mit 3:7 verloren hat … Geschenkt und nicht der Rede wert.

Aber exakt zu diesem Zeitpunkt klopfte die Zukunft an die Tür. Eine Ära endete, mehrere andere begannen. Anfänge sind eben letztlich immer besser als Enden. Kann man das so sagen? Vermutlich nicht. Egal. Vor allem aber, ohne Enden gäbe es ja gar keine Anfänge. Was, genaugenommen, auch umgekehrt einen Sinn ergibt.

Schluss mit abgehobenen philosophischen Reflexionen! Was ich sagen und was ich hervorheben will, ist ganz einfach, dass in genau diesem Jahr des tränenreichen Abschieds mehrere, später bedeutende, Spieler zu unserem Verein hinzustießen: Manfred Kaltz vom TuS Altrip – noch nie gehört –, Rudi Kargus von Wormatia Worms – davon schon –, Caspar Memering und Ole Bjørnmose – beide, peinlicherweise, vom Erzrivalen SV Werder Bremen, der damit allerdings, das freut einen Elbstadtfan dann doch, entscheidend geschwächt wurde – und Georg Volkert vom FC Zürich. Das sind klangvolle Namen. Die für eine Zeitenwende beim Traditionsverein stehen. Standen. Eineinhalb Jahrzehnte Spitzenfußball an der Elbe kauerten in den Startlöchern, wiederum metaphorisch, aber sportlich halbwegs korrekt ausgedrückt.

Aber ich will nicht Willi Schulz, den Wasserträger und die Nummer 6, also den klassischen Vorstopper unseres Clubs, vergessen. Williii beendete seine Karriere im Jahre des Herrn 1973.

Wie gesagt, etwas hörte auf zu sein, etwas anderes, noch viel Größeres, begann Gestalt anzunehmen. Wie in der Gegenwart auch, weswegen diese erneute Reise in die Vergangenheit letztlich wieder dort endet, wo sie begonnen hat. Im Hier und Jetzt.

21.

KROHN

Mal wieder frei von der Leber weg assoziiert. Kronkorken. Krone. Noch passender ist freilich Fußballkrone. Das kommt auf jeden Fall besser als Todt oder Bruchhagen. Auch wenn es schon ein Weilchen her ist, dass Peter Krohn, so sein vollständiger Name, HSV-Präsident gewesen ist. Wurde am 26. November 1973 zum neuen Ersten Vorsitzenden gewählt.

Was darüber hinaus, also von seinem Nachnamen abgesehen, für den er natürlich nichts kann, für ihn spricht, das ist, dass er der Sohn von Hans Krohn ist. Wofür er selbstredend auch nichts kann. Einen Namen hat man zwar. Also jeder. Aber das, was an dem Namen hängt, also so etwas wie Ruhm und Ehre beispielsweise, das muss man sich selbstverständlich erst verdienen. Sein Vater jedenfalls trug seinen Teil als Spieler dazu bei, dass der HSV 1923 den Meistertitel errang.

Trotzdem, Tradition verpflichtet, und eine familienzugehörigkeitsunterfütterte – ist, glaube ich, der bisherige Scrabble-Rekord – erst recht.

Denn Krohn senior war ein Neuerer, also jemand, der sich um die Zukunft seines Vereins nicht bloß theoretisch Sorgen machte, sondern die Ergebnisse seiner Grübelei auch gleich in die Tat umsetzte. Ein Praktiker eben mit intellektuell unterfüttertem Know-how. Von seiner Sorte gibt es ja seit Neuestem an der Alster wieder ein paar, sodass sich der mitfiebernde Fan sowohl im Rück- wie Ausblick pudelwohl fühlen kann. Weswegen ich an dieser Stelle meine Aufmerksamkeit der Doppelkrone – auch nicht schlecht – zuwende.

Hoffmannlike war, dass er dem Club einen bislang nicht gekannten wirtschaftlichen Erfolg bescherte. Und weil das so war, konnte der HSV unter seiner Ägide immer wieder einmal ein bisschen Kohle lockermachen. Um die Mannschaft zu verstärken. Ein neues Juwel, das sich bereits bei einem anderen Verein bewährt hatte, hier, ein neuer vielversprechender Nachwuchskicker da. Das kam insgesamt der Spielkultur zugute.

Das war der durch den alten Krohn initiierte auch pekuniäre Neuanfang nach dem Ersten Weltkrieg. Und diese den Erfolg immer fest im Blick habende Grundeinstellung ist auch die seines Filius gewesen. Womit der Nachwuchs sich peu à peu auf eigene Faust zu profilieren begann. Und was ihm selbst und höchstpersönlich zur Ehre gereicht. Denn ein Mensch ist immer nur das, was er aus sich macht. Und Krohn junior war, wie sein Alter Herr auch, ein Macher.

Inwiefern? Nun, indem er beispielsweise seine Kontakte in die Wirtschaft spielen ließ und einen Deal mit einem Getränkehersteller einfädelte. Es war die Saison 1974/75, dass die Mannschaft des HSV als fünfter Club der Bundesliga – nach Eintracht Braunschweig, dem FC Bayern München, Eintracht Frankfurt und dem MSV Duisburg – Wochenende für Wochenende mit Trikot-Werbung auf dem Platz unterwegs war. Könnte jetzt wie Schleichwerbung rüberkommen. Einerseits. Und bei manch einem, der es nicht ohnehin schon weiß, für Naserümpfen sorgen. Andererseits. Denn der Sponsor war die für Besäufnisse professionell zuständige Firma Campari.

Aber was soll's?! Erstens hatten die Löwen aus Braunschweig sich auch für die alkoholische Variante der Trikot-Werbung entschieden. Jägermeister, das Logo mit dem markanten Hirschgeweih, oder was?! Und zwar ein Jahr vor unserem Verein. Die sollen also mal ganz schnell aufhören zu mosern. Wer im Glashaus sitzt, sollte nicht den Moralapostel raushängen lassen.

Außerdem gab es da noch ganz andere Vereine, die sich, wenn es um zusätzliche Einnahmequellen ging, auch nicht lange geziert haben. Und zwar zu Recht, wie ich finde. Gegen wandelnde Litfaßsäulen ist, im Prinzip jedenfalls, nichts einzuwenden. Schon gar nicht unter dem moralischen Gesichtspunkt. Der per se und zumeist etwas leicht Angestaubtes hat. Sofern er nicht ganz und gar verlogen ist.

Ich sage bloß: FC Homburg und die Kondomfirma »London«. Na, klingelt's? Jetzt aber wird's endgültig albern. Denn wir schreiben das Jahr 1987. Bei dem, was kam, kann man glatt glauben, zurückversetzt zu sein in die prüden und absolut unerotischen 50er-Jahre der Nachkriegsrepublik. Als man sich, stockkonservativ eingestellt, wie man war, dafür zu schämen hatte, überhaupt ein geschlechtliches Wesen zu sein. Ogottogott ... Geschlechtsverkehr? Wer tut denn so was Abscheuliches und Widerwärtiges? Ich jedenfalls nicht. Weil es sich nämlich nicht gehört. Und außerdem, Geschlechtsverkehr, das Wort nimmt man als hochanständiger Bürger sowieso nicht in den Mund. Mann/Frau spricht, wenn es sich denn schon nicht vermeiden lässt, allenfalls von miteinander schlafen. Das legt, unter dem logischen Gesichtspunkt, den Gedanken nahe, dass es eigentlich auch ein Gegeneinander-Schlafen geben müsste ...

Was also geschah, im Jahre 1987? Bingo. Die Werbung musste überdeckt werden. Cache. Immerhin oder peinlicherweise, je nachdem, gelang es den Homburgern, sich nach einem Weilchen vor Gericht durchzusetzen. Was in praxi hieß, dass die Kicker des Vereins fortan unzensiert auflaufen durften. Mann o Mann, war das ein Aggewars! Hochnotpeinlich, und zwar in seiner Verbotsvariante.

Zurück zu unserem pfiffigen Bürschchen Krohn junior. Er hatte nämlich den auch unter dem zusätzlichen Unterhaltungsgesichtspunkt hübschen Einfall, rund um das Eigentliche, also die Spiele der Liga, erstmals Veranstaltungen stattfinden zu lassen. Mit dem Hintergedanken, dass diese zusätzlichen Events noch mehr Schaulustige anlocken würden. Die mit dem Fußballsport selbst und als solchem vielleicht gar nicht so viel anzufangen wussten. Und, was soll ich sagen, auch damit hatte der mit dem goldenen Händchen Erfolg. Die Rechnung ging voll auf. Heißt, die Massen strömten in den Volkspark, um sich an Ort und Stelle alle zwei Wochen mal etwas zu gönnen. Was auch der Stimmung förderlich war, selbst wenn der HSV ab und an nicht als Sieger den Platz verließ.

Bei wem es läuft, wer also ein Glückskind des Lebens ist, der muss immer mit Neidern und Krittlern rechnen. So auch im Fall unseres plietschen Piet. Besonders umstritten waren etwa Trikotdesigns in den Farben Rosa und Himmelblau. – Halt! Stopp! Da muss ich mich allerdings, tut mir leid, den Bedenkenträgern partiell anschließen. Und zwar zum einen wegen der Nicht-Farbe, die dann irgendwann ins Magentafarbene abdriftete. Und auch seiner Begründung stehe ich zum anderen mehr als bloß zwiespältig gegenüber. Denn erstens halte ich es für ausgemachten Käse, dass, wie er sich ausdrückte, »diese Farben Frauen gefallen«. Womit, zweitens, das Geschlechter-Vorurteil von ihm bedient wurde, dass den Mädels vor allem die Liebe fürs Rosane in die Wiege gelegt sei. Eine Farbvorliebe als genetische Grundmusterausstattung. Da lachen ja die Hühner. Und die Ultrakonservativen freuen sich und reiben sich die Hände.

So gesehen, und das ist letztlich dann doch tröstlich, ist Peter Krohn eben doch auch nur ein Mensch. »Es irrt der Mensch, solang er strebt«, as Goethe seggen deit. Insofern ist der Ex-Präsident absolviert. Weil er sich in guter Gesellschaft befindet. Bis auf die Ultrakonservativen natürlich.

Zurück zu seinen das Außergewöhnliche bevorzugenden Aktivitäten. Seine Grundeinstellung war, dass, wie er sich bereits damals auf Neudeutsch ausdrückte, der Fußballsport vor allem und in erster Linie Showbusiness sei oder zu sein habe. Damit ist er, das müssen selbst die Neider ihm lassen, zum zukunftsweisenden Trendsetter geworden. Wenn man sich anschaut, was heute rund um die Spiele so alles im Angebot ist, dann war das, was Peter in petto hatte, von geradezu lachhafter Biederkeit. Darin, also in der Vermarktung auf Neudeutsch, blieb er sich allerdings treu, wenn er von »Showtrainings« im Hinblick darauf sprach, dass bayerische Blaskapellen im Anstoßkreis für norditalienisch eingefärbte gute Laune sorgten. Oder, je nachdem, die an solche extremen Töne nicht gewöhnten Norddeutschen die Flucht ergreifen ließen. Auch, ich zitiere, »Blödelbarden wie Mike Krüger« hat er engagiert, und – jetzt wird's endgültig exotisch – Ritte auf Elefanten organisiert.

Was soll's?! Die Massen strömten, und also gefiel es auch. Kleiner Wermutstropfen: Die Presse sprach vom »Zirkus Krohn«, was eine Namensverhohnepipelung ist. Der Erfolg aber gab Krohn recht. Unter seiner kundigen Führung strömten pro Spiel etwa 15.000 Schaulustige mehr ins Volksparkstadion. Nicht schlecht, Herr Specht.

All diese zur damaligen Zeit revolutionären Maßnahmen ermöglichten es dem Verein, außergewöhnliche Spielereinkäufe zu tätigen. Wer kam an die Elbe? Ich nenne nur zwei Namen. Kevin Keegan, die Mighty Mouse, wurde 1977 für 2,2 Millionen D-Mark aus Liverpool angeheuert. Ein Schnäppchen. Selbst für damalige Verhältnisse. Und bereits 1974 konnte der Transfer des Stürmers Willi Reimann von Hannover 96 für schlappe 700.000 in trockene Tücher gebracht werden.

Peter Krohn war, mit einem Wort, so etwas wie der Vorgänger unseres spendablen Mäzens Klaus-Michael Kühne. Bis in die assoziationsreichen Namen hinein mehr als bloß eine Wahlverwandtschaft. Vor allem aber, Vergangenheit und Zukunft, die seit Jahren, etwas dunkel ausgedrückt, Gegenwart an der Elbe sind, reichen sich über die Jahrzehnte hinweg die Hand. Das gibt in Hinblick auf die Zukunft zu den schönsten, pekuniär unterfütterten, Hoffnungen Anlass.

22.

36

Rekorde sind für die Ewigkeit? Einerseits, ja. Andererseits, nein. Denn sie können jederzeit übertroffen werden. Selbst unter dem vereinsgeschichtlichen Blickwinkel ist es nie auszuschließen, dass, sagen wir, eine Fußballmannschaft ihren irgendwann aufgestellten Rekord egalisiert oder sogar überbietet. Warum, so frage ich, soll es also nicht möglich sein, dass, in den Jahren 2030/2031, mein HSV nicht allein seinen internen, sondern auch den bundesweiten Rekord unter- bzw. überbietet? Ja, warum eigentlich nicht?!

Weil es, ich sag's mal so, auch zu diesem Zeitpunkt noch die Bayern aus München mit ihrem Mir san mir geben wird. Davon ist mit ziemlicher Sicherheit auszugehen. Die schon ganz anderen Vereinen der Republik die gute Laune auf den letzten Drücker vermiest haben. Vorsichtig ausgedrückt. Den Schalkern beispielsweise, also den 5-Minuten-Meistern von zu Beginn des Jahrtausends. Kaum hast du einen Rekord aufgestellt, der – ein wenig schief formuliert – rekordverdächtig ist, schon fühlen die von der Isar sich herausgefordert und auf den Schlips getreten. Weil sie der Meinung sind, dass es einzig und allein ihnen zusteht, das noch nie Dagewesene zu schaffen. Und bei der Gelegenheit dir und deinem Verein den womöglich finalen Knock-out zu verpassen. Was ihnen dann, wie die

Erfahrung lehrt, meistens auch gelingt oder gelungen ist. Deswegen ja auch: die Erfahrung. Hat es eben alles schon gegeben und ist insofern kalter Kaffee. Muss man sich mit abfinden. Was ich aber nicht will. Sturheit ist eben auch eine typisch norddeutsche Tugend.

Also, worum geht es? Denn ich muss zugeben, dass ich absichtlich ein wenig um den heißen Brei herumgeredet habe. Weil es selbst heute, mit fünf Jahren Abstand, noch wehtut, dass die Elf von der Säbener Straße es tatsächlich hingekriegt hat, noch mehr Spiele in Folge ungeschlagen zu bleiben als mein HSV.

In der Zeit vom 16. Januar 1982 bis zum 29. Januar 1983, also fast genau ein Jahr und nur 'n büschen was drüber – es war, wie jeder Fußball-Fan weiß, und dazu muss man kein Hamburger sein, die große Zeit meines Vereins mit zwei Meisterschaften in Folge – blieben die Hanseaten in 36 Spielen hintereinander saisonübergreifend ungeschlagen. Ausgerechnet gegen den Erzrivalen von der Weser ging das 37. Spiel voll in die Hose. Und das, ganz blöd und eigentlich unverzeihlich, zu Hause im Volksparkstadion. Dat har nich sien mutt!

Halt! Stopp! Im Eifer des Gefechts und vor lauter Schwarzmalerei hat mir mein Gedächtnis einen Streich gespielt. Gott sei Dank, möchte ich sagen. Denn ganz so schlimm war es dann noch nicht. Warum? Weil meine Elf im Weserstadion die unterlegene Mannschaft gewesen ist. 2:3 ging der Kick aus. Beziehungsweise 3:2. Korrekt ausgedrückt. Was nichts daran geändert hat, dass der HSV auch in diesem Jahr die Meisterschale an die Elbe geholt hat. Beziehungsweise, sie konnte gleich in der Vereinsvitrine bleiben. Ersparte Transportkosten. Und auch das Sicherheitsrisiko war überschaubar.

Doch dann, annähernd 30 Jahre später – ob das mit den runden Zahlen etwas auf sich hat? Womöglich ein böses Omen? –, exakt am 2. November 2013, wurde die Marke vom Rekordmeister aus München, und von wem auch sonst?!, übertroffen.

Ich weiß noch, wie ich in diesem schicksalhaften Jahr – es war, ausgerechnet und typischerweise 2013 (da kommt, mehr als bloß rein unter dem Zahlenaspekt, einiges an Unglück zusammen) – Spiel für Spiel, und je mehr sie uns auf die Pelle rückten, mitfieberte. Dass irgendein Verein der Liga, und am besten die Borussen aus Dortmund, ihnen doch bitte in die Suppe spucken möge. Sprich, dass sie endlich, nach soundsovielen Kicks, als Verlierer den Platz verlassen müssen. Es wollte und wollte nicht klappen. Sie kamen unserer Bestmarke Spieltag für Spieltag immer näher. Ich spürte, übertragen gesprochen, schon seit länger ihren heißen Atem im Nacken. Die Nervosität stieg ins Unermessliche.

Wie gesagt, der 2. November 2013. Samstag. 15:30 Uhr. Die Bazis mussten im Auswärtsspiel gegen die TSG 1899 Hoffenheim ran. Damaliger Trainer bei den Sinsheimern war niemand anders als olle Markus Gisdol. Die Lederhosenträger gewannen das Spiel mit 2:1. Damit hatten sie den Rekord des Nordlichts eingestellt. Die Betonung liegt auf eingestellt! Denn es glomm ein Rest von Hoffnung in mir. Ein klitzekleiner Funke, dass sie das nächste Heimspiel verlieren könnten. Würden. Sodass es fürs Erste und auf längere Sicht zwei Rekordhalter geben würde. Blöd nur, dass sie am 12. Spieltag der Saison – erneut eine Zahl, die für diverse Formen des Runden steht – gegen den Underdog aus Augsburg ranmussten. Und dann noch zu Hause, in der Allianz Arena. Das sah gar nicht gut aus und lief, bei *den* miesen Voraussetzungen, auf absolutes Wunschdenken bei mir hinaus. Es war der 9. November 2013. Wiederum ein Samstag. Ein dunkler, verregneter Herbsttag.

Und so kam es dann ja auch. Ich mach es kurz. Weil ich annehme, dass nicht bloß bei mir der Schmerz nach wie vor tief sitzt. Die Königlichen aus Bayern gewannen den Kick locker und leicht mit 3:0. Und damit war er endgültig futsch, der hart erarbeitete Rekord unserer Mannschaft aus den glorreichen Spielzeiten 1981/82 und 1982/83.

Aber, kleiner Trost, irgendwann riss auch diese Serie. Was so viel heißt wie, dass selbst die aus Norditalien die Ewigkeit beziehungsweise das Immer-weiter nicht zu packen kriegen. Selbst bei denen ist irgendwann mal Schluss mit dem nervtötenden Siegen oder Unentschieden-Spielen. Es war, den Termin rot angestrichen im Fußballkalender, der 29. Spieltag, als der FC Bayern München nach 53 Spielen ohne Niederlage mit 0:1 beim ... FC Augsburg verlor. – Na, ist das was?! Erzeugt dann doch so etwas wie ein Hochgefühl. Dass sie ausgerechnet gegen die Mannschaft unter dem Rekordgesichtspunkt ins Gras gebissen haben, gegen die sie ein halbes Jahr zuvor den HSV-Rekord übertroffen hatten. Das nenne ich mal Schicksal, und da kommt wirklich Freude auf. Trotz allem.

Es war, ich erinnere mich an den Tag, als ob es gestern gewesen ist, der 5. April. Frühling lag in der Luft. Schmetterlinge im Bauch. Die erste Liebe. Die erste? Na ja, ich übertreibe jetzt 'n büschen. Späte Liebe trifft es wohl eher. – In der 31. Minute hat Sascha Mölders das Leder eingelocht. 1:0. Und dabei blieb es auch. Da konnten die Bayern anrennen, so viel sie wollten. Nichts zu machen. Endlich, die erste Niederlage in der Bundesliga seit Oktober 2012.

Das ernüchternde Fazit lautet trotzdem: In saisonübergreifend 53 Bundesliga-Spielen ist der FC Bayern ungeschlagen geblieben. 17 mehr als mein HSV. Aber, Schadenfreude an der richtigen Stelle hat ja auch was für sich. Auch wenn sie, in diesem Kontext, etwas ärmlich daherkommt. Denn auch der Rekord von 19 Siegen in Folge kam an diesem denkwürdigen Tag endlich zu einem Ende. Heißt, konnte nicht weiter ausgebaut werden. Klaro.

Es tut zwar weh, aber Ehre, wem Ehre gebührt. Deswegen, an dieser Stelle, und weil der wahre Fan auch die Leistungen anderer Mannschaften und also selbst der Bajuwaren würdigen können muss – so viel Selbstüberwindung muss drin sein – eine allerdings längst nicht vollständige Übersicht der Rekorde der Isarstädter.

Schon am 27. Spieltag der denkwürdigen Spielzeit 2013/14 sicherten sich die Münchner durch ein 1:0 in Frankfurt die Meisterschaft. Sieben Spieltage vor Saisonende. Hat davor und auch danach bis heute kein anderer Verein geschafft. Selbst, ein schwacher Trost, die Münchner nicht. Also: – Rekord.

- Die Bayern holten 91 Punkte bei 29 Siegen. – Rekord.
- Der Vorsprung auf den Zweitplatzierten Borussia Dortmund betrug 25 Punkte. – Rekord.
- Sie standen 2012/13 an allen 34 Spieltagen auf Platz eins. Immerhin, bloß den Rekord eingestellt …
- Auswärts wurden 15 Siege und zwei Remis erreicht. Waren, in der Summe, 47 Punkte. – Doppel-Rekord.
- Neun Auswärtssiege in Serie. – Rekord.
- In 21 Partien zu null gespielt. – Rekord.
- Auswärts kassierten sie nur sieben Tore. – Rekord.

Schluss! Irgendwann ist auch mal gut! Man muss seine Nerven ja auch nicht überstrapazieren. Und ich schreibe schließlich kein Buch über den FC Bayern München. Das wäre auch noch schöner. Und kommt deswegen überhaupt nicht in die Tüte! – Ein FC-Bayern-Mutmacher? Als ob die das nötig hätten oder jemals gehabt hätten. Oder in irgendeiner grauen Zukunft jemals nötig haben werden … Auf allen drei Zeitebenen absolute Fehlanzeige in dieser sehr speziellen Hinsicht.

Obwohl, an der Säbener Straße bricht ja bereits Panik aus, wenn sie mal bei einem Spiel pro Saison den grünen Rasen nicht als Sieger verlassen haben. Insofern sind sogar die Schönwetter-Fans der Bayern alle naslang mal des Trostes auf allerdings ganz hohem Niveau bedürftig. Aber den Tröster für emotionale Weicheier, nee, den schreib ich nicht! Kannst du voll vergessen.

Rekord, Rekord, Rekord. Ich finde das, ich mache mich jetzt doch mal ehrlich, so was von zum Kotzen! Entschuldigung, aber wen, bitte, nervt so etwas nicht? So bringt Fußball doch keinen Spaß. Ist ja noch schlimmer als in Spanien, wo sich die Madrilenen jedenfalls mit denen aus Barcelona oder dem anderen Madrider Stadtverein um die Meisterschaft Saison für Saison balgen.

Deswegen, als ein in der Summe dann doch ein wenig ernüchternder Ausgleich, die Rekorde meines HSV dagegengestellt.

Mit nur 27 Punkten haben sie die Bundeliga in der Saison 2013/14 gehalten. War die niedrigste Punktezahl in der Ligahistorie, die zum Klassenerhalt genügte. – Klitzekleine (Doppel-) Einschränkung. Denn, der Wahrheit die Ehre, es waren die wenigsten Punkte, mit denen ein Verein seit der Einführung der 3-Punkte-Regel nicht abgestiegen ist. Einschränkung, zweiter Teil: gemeinsam mit den umgerechneten 27 Punkten, mit denen der FC 08 Homburg in der Saison 1986/87 die Klasse hielt, der niedrigste Wert seit der Gründung der Bundesliga. – Trotzdem und mit der gehörigen Zweifach-Reserve im Hinterkopf … – Rekord.

In den Relegationsspielen gelang es dem HSV als erstem Verein, sich mit nur einem geschossenen Tor und ohne gewonnenes Spiel durchzusetzen! Ich sage nur: Auswärtstorregel. Jetzt aber wirklich – Rekord.

In der Saison 2014/15 konnte der HSV mit lediglich 25 geschossenen Toren – sind vier weniger als in der Abstiegssaison – die Klasse halten. – Rekord.

Dass noch weniger Tore nur die Tasmanen aus Berlin in der Saison 1965/66 mit schlappen 15 geschossenen Toren, bei 108 – in Worten hundertundacht (!) – Gegentoren und Borussia Mönchengladbach in der Saison 2006/07 mit immerhin 23 an der Zahl geschossen haben, geschenkt und allenfalls eine Randnotiz. Denn beide Vereine sind damals jeweils sang- und klanglos abgestiegen. Der SC Tasmania 1900 Berlin als weit abgeschlagener – 14 Punkte hinter dem Vorletzten Borussia Neunkirchen – Tabellenletzter. Die Fohlen vom Bökelberg – Verzeihung, aus dem Borussia-Park, wie deren neu errichtete Spielstätte seit dem 30. Juli 2004, also seiner feierlichen Eröffnung, heißt – ebenfalls als Schlusslicht mit 26 Pünktchen auf der Habenseite.

Zweimal nacheinander Relegation und beide Male nicht abgestiegen. – (k)ein Rekord. Ich sag nur: Wolfsburg.

Am 1. März 2014, es war der 23. Spieltag der Saison, trafen beim allerdings saublöden 1:0 von Werder Bremen gegen den

HSV erstmals zwei Mannschaften zum hundertsten Mal in der Bundesliga aufeinander. – (Doppel-) Rekord. Den sich meine Mannschaft leider mit den Werderanern teilen muss. Immerhin, auch dieser Rekord hat Ewigkeitswert. Heißt, den klaut uns, also auch den andern von irgendwo ganz weit im Nordnordwesten der Republik, keiner mehr.

Am 04.03.2006 gemeinsam mit van der Vaart erster Sieg einer Bundesliga-Mannschaft in der nagelneuen Allianz Arena. – Rekord, den uns auch keiner mehr wegnimmt. Wieder ein für immer, also die Ewigkeit. Was die Bayern bis heute nicht geschafft haben und hoffentlich nie schaffen werden. Dann hätten sie sich ja auch selbst erstmals in ihrer Arena geschlagen haben müssen. Klingt irgendwie unlogisch.

Zugegeben, viel ist das nicht. Bis auf den zuletzt angeführten, von keinem mehr anzufechtenden, unwiederholbaren Spitzenwert. Was das erste Mal passiert ist, das kann nicht ein zweites Mal zum ersten Mal passieren. Sagt die Logik.

Ich sage es noch einmal: Immer müssen die Bazis uns und allen anderen Fußballbegeisterten landauf, landab die Laune verderben. Mit ihrem ewigen Wahn, immer noch einen Rekord aufzustellen. Ich finde das extrem anstrengend, tut mir (nicht) leid.

Und dennoch, auch unser Club kann mit Rekorden aufwarten. Und weil das so gewesen ist, wird das auch so bleiben. Heißt, sie werden nur ein Jahr zweitklassig sein. – (k)ein Rekord.

23.

HOYZER

Auch im Ballsport geht es immer wieder mal nicht mit rechten Dingen zu. Und damit meine ich nicht solche Spielverläufe wie vor vier Jahren, als unsere Nationalmannschaft der der Brasilianer innerhalb von nur einer Halbzeit fünf Dinger reingemacht hat. Das waren für alle Beteiligten, also nicht bloß für den interessierten Betrachter und emotional Außenstehenden, unheimliche 45 Minuten. Unwirklich. Außerirdisch. Oder besser noch überirdisch. Nicht von dieser Welt.

Im Vergleich dazu war das, was die Engländer gestern gegen die Panamaer zustande gebracht haben, auch wenn es sich ergebnistechnisch auf exakt dem gleichen Niveau befunden hat, einfach nicht der Rede wert. So was passiert alle naslang, wenn der Gegner beispielsweise Panama heißt, oder, auf nationaler Ebene und aus der umgekehrten Perspektive in Augenschein genommen, Bayern München. Muss ich jetzt nicht vertiefen. Der Fan – generisches Maskulinum – meiner Mannschaft weiß, wovon die Rede ist. Und mit Sicherheit nicht nur der. Oberpeinlich.

Aber gegen die Seleção innerhalb kürzester Zeit derart oft einzunetzen, das passiert nicht alle Tage. Oder das ist zuvor vermutlich noch nie passiert. Deswegen war es ja so unheimlich und unwirklich. Oder wie es gemeinhin heißt: Hier ging etwas nicht mit rechten Dingen zu.

Aber um diese Art von Vorkommnissen, die einen unwillkürlich aufhorchen lassen, geht es hier nicht. Es handelt sich vielmehr um den finanziell unterfütterten Breitensport des Spieleverschiebens.

Das Phänomen ist, weiß Gott, nicht neu. Und man muss den Blick auch nicht in irgendeine Bananenrepublik schweifen lassen, um in Hinblick auf den inkriminierten Sachverhalt fündig zu werden. Ich sage bloß: Schalke 04. Da war doch was? Richtig. In den Frühzeiten der seligen 70er, als der Fußballsport noch nicht so finanziell verseucht war.

Ich spreche jetzt natürlich nicht von dem ganz normalen Geschäftsgebaren, das etwa darin besteht, dass ein Verein – ich nenne keinen Namen – einem anderen – dessen Namen ich ebenfalls nicht zu Protokoll gebe – mal eben so und wie nebenbei anlässlich eines Spielertransfers 220 Millionen Mäuse aufs Konto transferiert. Das ist zwar in der Größenordnung ein bisher einmaliger Betrag und insofern – siehe oben – auch ein Rekord, aber das gehört zum ganz normalen Geschäftsverkehr zwischen Vereinen. Bis in die tiefsten Tiefen der nationalen Liga hinab. Bei ungleich niedrigeren Umsätzen, versteht sich.

Nee, ich spreche davon, dass sich andere, also solche, die weder mit dem Verein oder einem aus dem Umfeld desselben irgendetwas zu schaffen haben, an dem Ballgeschiebe per Verschiebung bereichern. Obwohl man denn doch erwähnen sollte, dass zum Schummeln in diesen Sphären natürlich immer zwei gehören. Mindestens. Und eigentlich sogar drei. Nämlich der, ich nenne ihn mal so, »Investor«, der Spieler – oder gleich die ganze Mannschaft –, die in sich investieren lässt, und natürlich der Schiri, der, im jeweils entscheidenden Moment, pfeifen muss, wenn er normalerweise und unter regelkonformen Voraussetzungen nicht gepfiffen hätte.

Futur 2. Alle Beteiligten müssen im Voraus wissen, dass nach dem Schlusspfiff etwas ganz Bestimmtes, vorher zwischen den involvierten Parteien Ausbaldowertes, eingetreten sein muss. Dass also gewissermaßen das Ende vor dem Anfang da sein muss. Ein zeitliches Paradoxon eben. Etwas, was in der Zukunft mit absoluter Sicherheit, weil sonst die Rechnung nicht aufgegangen sein wird, eingetreten sein wird. Alles klar so weit?

Also, Schalke. Der Bundesligaskandal zu Beginn der 70er. Kurz das Allerwesentlichste. Damit alle, die nicht so vertraut sind mit den Gepflogenheiten der halbseidenen Szene, verstehen, worum genau es geht. Denn da gibt es ja noch den unbekannten Vierten …

»Im Jahr 1971 war der Verein in den Bundesliga-Skandal verwickelt.« Steht so geschrieben. Ist natürlich bereits in der Wortwahl eine Beschönigung. Verwickelt? Angemessener wäre es gewesen, zu schreiben, die auf Schalke hätten sich verwickeln lassen. Noch treffender mit dem Zusatz: liebend gern. Wie geht es, rein sprachlich, weiter? So. »Gegen Bestechungsgelder hatte die Mannschaft das Spiel gegen Arminia Bielefeld absichtlich 0:1 verloren. Mehrere Spieler wurden gesperrt.«

Bei aller Lakonie, so weit, so schlecht. Für die Spieler. Aber was wurde aus dem Verein? Also dem dann doch irgendwie bekannten Vierten. Sprich, den Vereinsbossen, die das Ganze ja wohl mit denen der Arminen ausbaldowert hatten. Um die entsprechenden Anweisungen dann hinter vorgehaltener Hand oder einer von Zaungästen abgeschirmten Trainingseinheit an die Mannschaft weiterzugeben. Und, last but not least, den Mann mit der Pfeife, also den Un- und Überparteilichen, den galt es ja auch noch mit ins Boot zu holen. Wer ist dafür zuständig gewesen? Oder mal so: Wer wird dafür zuständig gewesen sein? Das klingt dann doch nicht so paradox wie eben noch. Das hat was ungemein Einleuchtendes, und zwar nicht bloß auf der sprachlichen Ebene.

Fragen über Fragen, die sich dem gebildeten Laien stellen. Vermutlich auch noch die, was die Spieler selbst von der groß angelegten Mogelei eigentlich hatten? Oder gehabt haben werden.

Ich muss gestehen, ich habe keinen blassen Schimmer. Denn meines Wissens und wenn mich mein Gedächtnis nicht täuscht, ist das Ganze zunächst ein bisschen aufgebauscht worden, plätscherte ein Weilchen in der Öffentlichkeit so vor sich hin und wurde schon bald wieder vergessen und zu den Akten gelegt. Der ganz normale Verlauf beim Abarbeiten von Skandalen. Kennt man ja.

Warum ich so ins undurchsichtige Detail gehe? Damit der Außenstehende begreift, dass das Verschieben von Spielen keine ganz so einfache Übung ist, wie sie es auf den ersten Blick zu sein scheint. Da gilt es eine Menge zu bedenken und die Beziehungen in alle möglichen Richtungen spielen zu lassen. Deswegen. Damit der Laie kapiert, wie aufwendig so ein Beschiss doch letztlich ist. Der, ganz wichtig, eigentlich absolute Verschwiegenheit bei allen Beteiligten voraussetzt. Sonst fliegt die Chose, was es unbedingt zu vermeiden gilt, noch auf. Aber wenn so viele Parteien mit ihren jeweils ganz speziellen Interessen mit im Boot sitzen, dann gibt es absehbarerweise doch immer wen, der nicht auf seine Rechnung gekommen zu sein glaubt. Der dann, kann man verstehen, irgendwann nicht mehr einsieht, warum ausgerechnet er den Mund halten soll. Und folglich den ganzen Laden in die Luft gehen lässt … In die Luft gehen gelassen haben wird. Bringt jetzt doch richtig Laune, das Tempusverdrehspiel.

Mein HSV ist in dieses – also nicht in genau dieses, sondern in eines – betrügerische Kuddelmuddel auch involviert gewesen. Der Satz ist mir aus anderen Gründen ein wenig entglitten. Ist noch gar nicht so lange her. Es geschah am 21. August 2004. DFB-Pokalpartie zwischen dem damaligen Regionalligisten Paderborn und dem HSV. Allerdings, das sage ich gleich dazu, die Rothosen waren das Opfer. Die Täter kamen woandersher. Vor allem aber wurde sehr schnell klar, dass man den Deal auch noch ganz anders einfädeln kann. Nicht so kompliziert und um mehrere Ecken, wie damals bei den Königsblauen.

Wie? Ganz einfach. Indem der Investor (I) bloß den Schiri (S) besticht. Keiner der beiden Vereine braucht von dem Schmieren und Geschmiertwerden etwas zu wissen. Auch und selbst die Spieler nicht. Eine einfache Rechnung mit zwei Bekannten. Ja, das geht auch. Und die Rechnung ist, wen wundert's, aufgegangen. Für die Investoren und den, in den investiert wurde. Also den Schiri. Der übrigens auf den schönen Namen Robert Hoyzer hörte.

Fußballgeschichtliche Details zur Veranschaulichung der Sauerei gefällig? Bitte schön. DFB-Pokal. Der HSV muss beim SC Paderborn 07 antreten. Wie gesagt. Wer der Favorit und der Außenseiter ist, das ist sonnenklar. Vor allem ist es enorm wichtig. Weshalb? Blöde Frage, weil es die Quote in die Höhe treibt. Und um die geht es schließlich. Eine bessere Quote wäre Jahre später in einem Spiel erzielt worden, in dem, mal nur so angenommen, unser Verein gegen die Bayern in der Allianz Arena antreten muss. Und die Hanseaten gewinnen mit, sagen wir, weil es nahe liegt, 5:0. Da wäre der, der wettet und über genügend Penunse verfügt, mit einem Schlag steinreich. Beziehungsweise noch um ein Vielfaches besser gestellt als ohnehin schon. Aber damit dieses utopische Ergebnis real wird, dazu bedarf es der interessierten Mithilfe des Mannes oder der Frau – inzwischen – mit der Pfeife im Mund. Der/die natürlich bei dem Deal auch nicht zu kurz kommen soll und will. Das versteht sich ja wohl von selbst. Wo bliebe denn sonst der Anreiz, es nicht mit rechten Dingen zugehen zu lassen?! Da ein Freistoß, dort ein Elfer. Auch ein, zwei Platzverweise sind immer hilfreich. Auch wenn die leidtragenden Spieler die Welt nicht mehr verstehen und sich unentwegt an den Kopf greifen. Wie weiland die Kicker unseres Vereins. Woran ich mich noch ganz genau erinnere. Die glaubten unentwegt im falschen Film zu sein. Was ja auch irgendwie der Fall war. Sie verloren, um auch dies noch zu erwähnen, mit dem gewünschten Ergebnis. 4:2, so war es vereinbart worden. Und so endete es auch. Der Schiri hatte seine Sache also richtig ordentlich gemacht. Ein rechtes Vorbild für den Beschiss im Fußballsport.

Aber die Sache kam heraus. Sonst könnte ich, was sich von selbst versteht, das Ganze ja auch nicht thematisieren. Und zwar weder ich noch irgendwer.

Wie ging der Casus aus? Folgendermaßen. Steht auch geschrieben. »Gegen eine Entschädigung von 500.000 Euro vom DFB und die Zusage, ein Länderspiel in Hamburg zu veranstalten, verzichtete der HSV auf das weitere Vorgehen gegen das ›Skandalspiel‹.«

Und der Hoyzer Robert, der Bagalut – kanns' uck Kleinganove to seggen – was wurde aus dem? In Etappen ging der Knabe folgendermaßen aus dem Ding hervor: Er wurde 2005, ich zitiere, »vom Deutschen Fußball-Bund lebenslang gesperrt. Im April 2011 wurde diese Sperre teilweise wieder aufgehoben. Hoyzer darf nun im Amateurbereich wieder als Spieler agieren, das Amt eines Schiedsrichters darf er allerdings nicht wieder ausüben.«

So weit, so gut. Aus der Sicht des Manipulators. Aber da war doch noch etwas … Richtig. Ich zitiere erneut, damit alles seine Richtigkeit hat, und ich nicht versehentlich etwas Falsches sage, für das nun wiederum ich belangt werden könnte: »Hoyzer war vor dem Landgericht Berlin voll geständig und hoffte deshalb auf eine Bewährungsstrafe. Er wurde am 17. November 2005 vom Landgericht Berlin jedoch wegen Beihilfe zum Betrug zu einer Freiheitsstrafe von zwei Jahren und fünf Monaten verurteilt, die wegen der Höhe des Strafmaßes (mehr als zwei Jahre) nicht zur Bewährung ausgesetzt werden konnte. Hoyzers Anwälte legten daraufhin Revision beim Bundesgerichtshof ein.«

Und war der Berufung Erfolg beschieden? Die Ohren gespitzt, wie es weiterging. Oder, was das Ende vom Lied gewesen sein wird. Ich warne vor: Ein rechtsmoralisches Tohuwabohu gilt es gedanklich zu verarbeiten, was den rechtstheoretischen Laien, die vermutlich viele von uns sind, schwerfallen dürfte. Der Ausgang immerhin, der war glasklar. Alles wiederum, versteht sich, auf exakter Zitatbasis.

»Verhandelt wurde das Revisionsverfahren vor dem 5. Strafsenat des BGH. Bundesanwalt Hartmut Schneider beantragte am 28. November 2006 vor dem Bundesgerichtshof, das Urteil des Landgerichts Berlin vom 17. November 2005 aufzuheben. Die Bundesanwaltschaft verneinte eine Strafbarkeit Hoyzers wegen Beihilfe zum Betrug, da sich bereits der Haupttäter

Ante Sapina« – das ist übrigens der Strippenzieher im Hintergrund, der … ich gebe zu, dass auch ich das nicht verstehe, sorry – »nicht wegen Betruges strafbar gemacht habe. Es fehle, so der Bundesanwalt, an der für die Betrugsstrafbarkeit erforderlichen Täuschung. Das Landgericht war davon ausgegangen, dass wer eine Wette eingeht, auch stillschweigend erklärt, den Wettgegenstand nicht manipuliert zu haben. Hierüber habe Sapina getäuscht. Die Bundesrichter machten nach dem Antrag deutlich, dass sie Diskussionsbedarf sehen und die Rechtsfrage gegebenenfalls dem Großen Senat des Bundesgerichtshofes zur Entscheidung vorzulegen sein würde. – Der 5. Strafsenat des Bundesgerichtshofes in Leipzig bestätigte am 15. Dezember 2006 das Urteil und die Rechtsauffassung des Landgerichts: ›Bei Abschluss eines Wettvertrages erklärt der Wettende schlüssig, dass er die Spiele, auf die er gewettet hat, nicht manipuliert habe.‹ – Robert Hoyzer wurde am 18. Juli 2008 vorzeitig aus der Haft entlassen; das Berliner Landgericht setzte die Vollstreckung der Reststrafe wegen guter Führung zur Bewährung aus.«

Der zuerst in den Medien so hochgekochte Casus ging also schlussendlich für alle Beteiligten wie das Hornberger Schießen aus. »Das Pulver ging aus zur schönsten Stund, sodass man nicht mehr schießen kund.« Da wird sich manch einer gefreut und die Hände gerieben haben. Schampus schlürfen inklusive.

Warum ich das alles habe Revue passieren lassen? Und dann noch unter dem Hoffnungs- und Mutmachgesichtspunkt? Weil diese Beschissgeschichte zweierlei deutlich macht, auch wenn, zugebenermaßen, die Doppelentschädigung meines Vereins das Ganze ein bisschen relativiert: Die Reaktion des Alsterclubs ist ein schönes Beispiel für die typisch hanseatische Gelassenheit und darüber hinaus den ausgeprägten Sportsgeist im hohen Norden. Darum. Und das eine wie das andere kannst du immer gut gebrauchen, wenn die kurzfristig unterbrochene Erfolgsgeschichte der Rothosen – ich untertreibe jetzt 'n büschen – in der nahen Zukunft um das eine oder andere Kapitel fortgeschrieben werden soll.

24.

GRILLPARTY

Anna! Liebe meines Lebens! Ich übertreibe jetzt ein wenig. Denn da gab es natürlich schon noch in den Dezennien davor ein, zwei Frauen, die mein Herz im Flug erobert haben. Aber da ich inzwischen in die Jahre gekommen bin – vom zweiten Frühling zu sprechen wäre schon so etwas wie ein Euphemismus –, stehe ich dazu und modifiziere ein wenig: Anna ist die späte Liebe meines späten Lebens.

Der erste Kuss. Die Verliebtheit. All die verrückten Dinge, die man tut, wenn das Herz überquillt vor Glück. Und wenn man die Sehnsucht nach dem anderen selbst dann verspürt, wenn man ihm ganz nahe ist. »Warum gabst du uns die tiefen Blicke …?«

Ich hoffe, dass jeder, der dies hier liest, dieses Gefühl kennt. Wenigstens einmal in seinem Leben gespürt hat, was es heißt, sich in einem anderen Menschen zu verlieren und wiederzufinden. Wie es mir, auf nicht ganz dieselbe und vor allem nicht ganz so intensive Art, mit meinem HSV ergangen ist.

Wie es dazu gekommen ist, also dazu, dass ich mich als doch schon älteres Semester in eine Frau verliebt habe – ich bin mir sicher, das letzte Mal in meinem Leben –, das will ich euch verzählen. Vor allem, letztlich verdanke ich diesen permanenten Gefühlsüberschwang, den ich in Annas Nähe empfinde, wiederum meinem Verein. Und, es fällt mir schwer, dies zuzugeben, jedenfalls indirekt jenem anderen, der der Angstgegner schlechthin der Rothosen ist. Ich spreche, wovon auch sonst?, von den Bayern aus München.

Wie das? Folgendermaßen.

Es war der 30. März 2013. Was ist an diesem denkwürdigen Tag passiert? Na, weiß das noch einer? Nicht? Verdrängt? Also gut, ich sag es euch. An diesem Tag, der in die Negativannalen meines Clubs eingehen wird, hat der FC Bayern München uns mit 2:9 genatzt. Das ist damals passiert. Das war eine der bis dahin höchsten Vereinsniederlagen in der zu diesem Zeitpunkt 50-jährigen Bundesligageschichte der Hanseaten. Zuvor hatte der HSV – auch kein Ruhmesblatt, ich weiß – dreimal mit sieben Toren Differenz verloren.

Aber jetzt kommt's! Aufgepasst, ihr anderen Vereine der Liga. Zur Nachahmung empfohlen. Weil es die Menschen einander näherbringen kann. Über die jeweiligen Vereinsgrenzen hinweg. Also dem Ausgrenzungsunwesen Grenzen zieht. Was das heißt? Kleinen Momang Geduld. Erklärung folgt in Bälde.

Damals, vor gut und gern fünf Jahren, wurde, als kleines Trostpflaster für die emotional am Boden liegenden Fans, am 21. April 2013 eine Grillparty veranstaltet. Also ein riesengroßes Fressen und ein – in Maßen – Massenbesäufnis. Rund 600 bis 700 Fans, irgendetwas dazwischen, denn exakt nachgezählt wurde nicht, gaben sich die Ehre. War ein Riesenerfolg. Die Laune, die kurz zuvor noch im Keller gewesen war, besserte sich innerhalb kürzester Zeit spürbar auf. Will heißen, das Kollektiv fasste wieder Mut, indem es die Kanterniederlage – kann man das so sagen? – in gemeinsamer Trauerarbeit verknuste.

Aufgrund dieses schönen Erfolges auf Feierebene wird von den Unbelehrbaren, also denen, die damals nicht dabei gewesen sind, noch heute nach zweifelhaften Leistungen und hohen Niederlagen unseres Vereins spöttisch besagte Party in Erinnerung gebracht. Lass sie quatschen, die Nullchecker! Denn sie wissen nicht, wovon sie reden.

Ich will jetzt nicht so weit gehen und die Behauptung in den Raum stellen, dass es das Grillfest war, das unseren Verein wieder zurück in die Erfolgsspur gebracht hat. Das wäre wohl wirklich ein wenig zu verwegen und deswegen wirklichkeitsfremd. Fakt aber ist, dass wir uns nach der Rückrunde mit 48 Punkten immerhin auf Platz 7 der Abschlusstabelle wiederfanden. Nicht schlecht, Herr Specht! Obwohl, der Wahrheit die Ehre, dieses anerkennenswerte Abschneiden letztlich eben doch bedeutet hat, dass wir, und zwar am allerletzten Spieltag, die Qualifikation für die Europa-League-Play-offs verpasst haben. Dat har nich sien mut.

Anna. Und damit zurück zum aus meiner Sicht Eigentlichen und Wesentlichen dieser Massenzusammenkunft von Gleichgesinnten.

Ich muss gestehen, ich weiß bis heute nicht, weshalb es sie auf dieses Fest verschlagen hatte. Werde bei unserem nächsten Rendezvous mal dies betreffende Erkundigungen einziehen. Rendezvous? Nach gut und gern fünf Jahren?! Ja. Rendezvous. Weil die Liebe Purzelbäume schlägt oder bei den »Verlorenen« schlagen lässt. Man muss nämlich verlieren können, wenn man gewinnen will. Schmetterlinge im Bauch. Ihr erinnert euch? Meine Anna lässt mein Herz höherschlagen. Auch wenn ich bloß an sie denke. Und ich bin bis auf den heutigen Tag voller nervöser Vorfreude, wenn der Augenblick unseres Zusammentreffens näher rückt. So ist das, und keinen Deut anders. Denn wir wohnen weder zusammen noch in derselben Stadt. Hat sich nicht einrichten lassen. Ich bin in Hamburg gebunden. Sie in … Bremen. Vielleicht, wenn das Renteneintrittsalter – ein rechtes Wortungetüm – erreicht ist, dass wir dann zusammenziehen. Wer weiß? Kommt Zeit, kommt Rat. Aber bis es so weit ist, pendeln wir. Sie zu mir, ich zu ihr. Die Wochenenden gehören uns, entweder an der Weser oder an der Elbe.

Weser. Weserstadion. SV Werder Bremen. Der Nordrevierkontrahent. Wieder so ein wunderschönes Wort für das Begriffszusammenstellspiel. So geht normalerweise die Assoziationskette von unsereinem. Also den Fans des HSV. Und daran hat sich, auch bei mir, im Prinzip nichts geändert.

Nur, was Liebe alles so an-, vor allem aber ausrichten kann. Beispielsweise, dass man in sich geht und die Grundeinstellung ein wenig überdenkt. Ich sag's mal so: Fan ist Fan. Bundesweit. Jeder schwärmt für jeweils seinen Verein und ist, umgekehrt, auf all die anderen inklusive deren Anhang nicht wirklich gut zu sprechen.

Aaaaber! Die Sache schon mal so herum gesehen? Eben weil wir alle Fans sind, teilen wir ein Grundgefühl, egal für welchen Club. Wir gehen alle für dasselbe durchs Feuer. Und das ist das einigende Band bei aller Gegensätzlichkeit.

Anders. Schaut mal in die Augen eines Fans, der, sagen wir mal, für die Borussen aus Dortmund alles stehen und liegen lässt. Was seht ihr? Bingo. Begeisterung pur. Trauer pur. Tränen der Freude oder der Verzweiflung. Und dann schaut in die Augen von Fans der Himmelblauen, also der Knappen. Was seht ihr da? Exakt. Ihr seht, bis auf Punkt und Komma genau, dasselbe.

Und das meine ich. Das Gefühlsinnenleben jedes Fans auf nationaler oder internationaler Ebene hat ein und dieselbe Qualität. Oder mal so gesagt: Es gleicht wie ein Ei dem anderen. Und das ist es, worauf ich hinauswill, dass es etwas gibt, was uns alle, über den gesamten Globus hinweg, verbindet. Dieselben Gefühle bei den jeweils selben Anlässen.

Denkt mal darüber nach.

Ich jedenfalls verdanke diese Einsicht meiner Anna. Wenn sie anfängt, sich erzählend in der Historie der Werderaner zu verlieren, dann geht ihr Herz auf. Dann hat sie dieses Feuer im Blick. Das Feuer, ich wiederhole mich, ich weiß, das auch in uns und allen anderen Fans aller anderen Vereine lodert. Und nicht zuletzt dafür liebe ich sie. Dass sie sich bedingungslos hingibt in ihrer Begeisterung. Und dass sie mir gerade darin, dass sie sich momentweise immer wieder verliert – vermutlich ohne es zu wissen oder zu wollen – klar gemacht hat, dass dieser Selbstverlust ein Sich-Finden im anderen bedeutet. Im anderen Menschen. In seinem Verein. In all den anderen Fans, wenn man bereit ist, es einmal so zu betrachten. Muss ja nicht gleich in eine allgemeine Verbrüderung ausarten …

Selbst wenn Anna mir mit dem für sie so typischen Strahlen im Gesicht von den vier Nackenschlägen erzählt, die ihr Verein dem meinen damals, im Frühjahr 2009, zugefügt hat. Sie tut es nicht aus Häme. Schadenfreude. Nein, ganz gewiss nicht! Sondern aus dem Überschwang der Freude, sich an den Erfolgen ihres Vereins zu berauschen. Genauso wie ich, wenn ich mich an die Highlights des Rautenclubs erinnere. Solange es auch schon her ist.

»Vier Duelle binnen 19 Tagen. Tagebuch einer epischen Schlacht.« Steht geschrieben. Was war passiert? Hab ich weiter oben bereits erwähnt. Die Kurzfassung geht so: Ich sage nur noch einmal: Papierkugel. Alles klar? Ihr erinnert euch? Innerhalb von lediglich gut zwei Wochen viermal aufeinandergetroffen. 22. April 2009 DFB-Pokal Halbfinale. Vergeigt. Das Rückspiel am 7. Mai im UEFA-Pokal-Halbfinale mit 3:2 verloren, nachdem sie das Hinspiel an der Weser eine Woche zuvor am 30. April mit 1:0 gewonnen hatten. Das Problem: Auswärtstorregel. Katastrophe! Man stelle sich das mal vor!

Und jetzt, indem ich meiner selbstvergessenen und strahlenden Anna in ihre wunderschönen blauen Augen schaue, stelle ich mir das Vierfachdesaster von vor knapp zehn Jahren noch einmal vor. Was passiert? Schwupps, der Stachel ist gezogen, und es fehlt wahrhaftig nicht viel, dass ich mich gemeinsam mit ihr über die triumphale Siegesserie ihres Vereins mitfreuen kann. Jedenfalls fast …

Das ist die Begeisterungsfähigkeit, die, selbst wenn punktuell und anlässlich einer oder mehrerer Niederlagen in Serie die Trauer überwiegt, allen Fans gemeinsam ist. Sie ist, sage ich's mal so, die Basis dafür, dass wir den Mut, allen Rück- und Nackenschlägen zum Trotz, nicht sinken lassen. Und dass das so ist, und dass ich's – es hat lange gedauert – auch begriffen habe, verdanke ich allein der Existenz meines Vereins und meiner Anna natürlich.

Oder auch so auf den Punkt gebracht. Der Mut gehört zur mentalen Vereinszugehörigkeit ohnehin und ausnahmslos dazu wie das Matjesfilet zum Fischbrötchen. Oder die Zwiebelringe. Wenn man es recht bedenkt.

Für Anna

Warum gabst du uns die tiefen Blicke,
Unsre Zukunft ahndungsvoll zu schaun,
Unsrer Liebe, unserm Erdenglücke
Wähnend selig nimmer hinzutraun?
Warum gabst uns, Schicksal, die Gefühle,
Uns einander in das Herz zu sehn,
Um durch all die seltenen Gewühle
Unser wahr Verhältnis auszuspähn?

Kanntest jeden Zug in meinem Wesen,
Spähtest, wie die reinste Nerve klingt,
Konntest mich mit Einem Blicke lesen,
Den so schwer ein sterblich Aug durchdringt;
Tropftest Mäßigung dem heißen Blute,
Richtetest den wilden irren Lauf,
Und in deinen Engelsarmen ruhte
Die zerstörte Brust sich wieder auf;
Hieltest zauberleicht ihn angebunden
Und vergaukeltest ihm manchen Tag.
Welche Seligkeit glich jenen Wonnestunden,
Da er dankbar dir zu Füßen lag,
Fühlt' sein Herz an deinem Herzen schwellen,
Fühlte sich in deinem Auge gut,
Alle seine Sinnen sich erhellen
Und beruhigen sein brausend Blut!

(Johann Wolfgang von Goethe)

25.

PLANTEN UN BLOMEN

Leonie. Die andere Frau in meinem Leben … Na ja, sagen wir mal so: meine Tochter, die ich in bereits ganz jungen Jahren mit dem HSV-Virus infiziert habe. Wie vor einem halben Jahrhundert mein Alter Herr, er möge in Frieden ruhen, mich mit dem Bazillus der durch nichts und niemanden zu irritierenden HSV-Gefolgschaft infiziert hat. Miene sööte und plietsche Deern, die Freude nicht bloß meiner alten Tage, fiebert nun auch schon seit Jahren Woche für Woche mit dem Verein ihres Herzens, also mit ihrem Papa, mit. Oder umgekehrt.

Planten un Blomen. Kennt jeder. Auch die Nicht-Einheimschen. Trotzdem, ein paar Daten. Kann nie schaden, wenn man sich das Allerwichtigste immer wieder einmal ins Gedächtnis zurückruft.

Wer oder was ist Planten un Blomen? Es ist oder handelt sich um eine etwa 47 Hektar große Parkanlage im Zentrum der Freien und Hansestadt Hamburg. Wat dat heeten deit, dat weets wol uck so. Or etwa nich?! Pflanzen und Blumen heet dat in dien Modersprok, du Tüffelachtein. Or Tüffel. Kanns uck Petott to seggen.

»Der Gründer und erste Direktor des Botanischen Gartens in den Hamburger Wallanlagen, Johann Georg Christian Lehmann, pflanzte am 6. November 1821 eine Platane.« Steht geschrieben. Das war der erste Baum des Parks. Steht heute noch in voller Pracht am Eingang Dammtor. So geht Tradition. Also ein Baum, der auf seine Weise für das steht, wofür auch der Club mit der Raute weit über die Grenzen Deutschlands hinaus bekannt ist.

Besonders kuschelig ist der Bereich, in dem sich Reste des alten Stadtgrabens erhalten haben. Sind uns mein Töchterlein und ich einig. Und natürlich der 5.000 m^2 große Rosengarten. Existiert seit 1993. Wurde also zwei Jahre vor der Geburt meiner Tochter eingeweiht. Kein Englischer Garten. Also nicht unbedingt Rheinromantik. Nee, mehr so klassisch-geradlinig. Versailles oder Sanssouci. So in die Richtung. In Klein natürlich. Aber mit einem im Zentrum gelegenen Pavillon.

Der Erwähnung wert ist unbedingt noch, dass es hier ungefähr 300 verschiedene Rosenarten gibt. In den Sommermonaten ein Farbenmeer und ein die Sinne betäubendes Geruchschaos. Du hältst es nicht aus. Oder doch. Wie meine Hübsche und ich, wenn wir es uns nach dem Besuch des Volksparkstadions in einer der Sitzecken gemütlich machen, um uns von dem Kick von gerade eben zu erholen. Haben wir bereits unzählige Male gemacht. Also auch so etwas wie eine lieb gewonnene Tradition.

Aber ein Spiel und seine anschließende Aufarbeitung sind mir denn doch besonders im Gedächtnis haften geblieben. Es war die Saison 2005/2006. Der 7. Spieltag. Mein Mädchen war damals gerade mal bummelige zehn Jahre alt. Eigentlich unverantwortlich, einem so jungen Menschen einen derartigen seelischen Tumult zuzumuten. Mich entschuldigt allenfalls, dass ich schließlich, auch wenn ich an anderen Stellen immer wieder etwas anderes behauptet habe oder haben werde, nicht über die Fähigkeit verfüge, in die Zukunft zu schauen. Ich konnte ja nicht wissen, was dieser Nachmittag für uns alle bereithalten würde. Und außerdem, sich zu freuen hat noch niemandem geschadet, da kann er oder sie so jung sein, wie sie will. Obwohl dieser Gefühlsüberschwang sich schon weit außerhalb des Normalen und damit Zuträglichen bewegte. Muss ich denn doch zugeben.

An dem Tag war Kaiserwetter. Hat sich, wie so vieles, in mein Hirn eingebrannt. Und in das meiner Tochter. Die nach dem Spiel vollkommen aus dem Häuschen gewesen ist. Wie ich selbst auch.

Weil es der Tag Rafael van der Vaarts war. Ihres und meines Lieblings. Ich glaube sogar, nicht falsch damit zu liegen, wenn ich mal einfach frisch von der Leber weg behaupte, dass Leonie in den kleinen Holländer ein ganz klein wenig verliebt gewesen ist. Kann allerdings auch sein, dass es sich um so etwas wie eine Übertragung handelt. Wenn man die Psychologie bemüht. Denn ich muss gestehen, dass auch ich … Egal, was wollte ich?

Genau, es war, das war ja unter anderem das Besondere dieses Irrsinnstages, das erste Tor, das der mit der 23 auf dem Trikot für meinen Verein erzielt hat. Ausgerechnet gegen den FC Bayern aus München. Und weil der Kick dann schließlich 2:0 für uns ausgegangen ist, war er noch was extra Besonderes. Denn Piotr Trochowski drosch in der 62. Minute mit seiner rechten Klebe das Leder absolut unhaltbar in den rechten Winkel. Nachdem Barbarez, wie weiland Magath, das Ding gekonnt durchgesteckt hatte. Duplizität der Ereignisse: war auch für den wieselflinken Midfielder sein erstes Tor für den HSV. Das 2:0 war perfekt. Die AOL-Arena glich einem Tollhaus.

War die 10. Minute. Das Tor fiel fast aus dem Nichts. Dein erstes überhaupt für den HSV. Premiere. Falsche Reihenfolge. Ich weiß. Auf jeden Fall war es die erste ernst zu nehmende Chance. Mehr so ein Zufallsprodukt. Abgefälschter Ball in die Tiefe von Trochowski aus dem Mittelfeld. Wer lauert? Eben. Rafa. Ist genau dort, wo ihn sein Instinkt sein ließ. Wie du dir gegen Benjamin Lauth, der selbst Anstalten machte, das Leder zu versenken, Raum verschafft hast, das sagt alles über dich aus. He! Weg da. Jetzt komme ich. Magst du in dem Moment gedacht haben. Deine Körpersprache jedenfalls war eindeutig. Der ganze Mensch verströmte unbedingte Entschlossenheit und war bar jeden Zweifels, dass das Ding eventuell doch sein Ziel verfehlen und nicht in den Maschen zappeln könnte. Aus 14 Metern halbrechter Position flach ins lange Eck abgezogen. Olli Kahn war so was von chancenlos. Und du ranntest, auch typisch für dich nach jedem erzielten Tor, wie von der Tarantel gestochen zur Seitenlinie und machtest im Sprint diese auch so charakteristischen Bewegungen mit beiden Händen, die über deine Schulter hinweg auf die 23 und den Vereinsschriftzug zeigten. Mitten im St.-Veits-Tanz die Arme hochgehoben, angewinkelt und mit beiden abgespreizten Daumen die Richtung gewiesen. Hatte was Mitreißendes, dich so außer Rand und Band zu sehen. Freude pur.

Ich bin noch heute aus dem Häuschen, wenn ich diese Partie vor meinem geistigen Auge Revue passieren lasse. Und damals erst … Das war wie ein Rausch. Währenddessen und danach. Als mein Kind und ich – ich weiß gar nicht, wie wir dorthin gelangt sind – uns irgendwann am frühen Abend in einer der

Sitzecken wiederfanden. Uns halsten. Jauchzten. Strampelten. Rumhüpften. Das volle Programm, wenn du zerspringen willst vor Glück. Wer uns an diesem Abend dort gesehen hat, war mit einiger Sicherheit kurz davor, die mit den weißen Gewändern zu alarmieren …

Tränen der Freude flossen bei meiner Kleinen und bei mir. Muss ich zugeben. So gesehen bin ich denn doch kein leuchtendes Vorbild, das die Nerven behält und im entscheidenden Moment Ruhe bewahrt. Nee, ging nicht. Der emotionale Irrsinn hatte uns beide voll in seinen Krallen. Im Grunde für den Rest des Tages, also bis tief in die mehr oder weniger durchwachte Nacht hinein.

Denn wie soll das, bitte schön, gehen, zu schlafen, wenn dein Verein ein paar Stunden zuvor die Bazis so was von nass gemacht hat?! Und du das sichere Gefühl hast, dass eine glorreiche Zukunft mit diesem kleinen Holländer im Gepäck an Hamburgs Pforten klopft. Was ja dann auch tatsächlich für ein paar Jahre, also genaugenommen drei, passiert ist. Von 2005 bis 2008 hast du in 74 Spielen immerhin 29-mal für unseren Club getroffen. Also exakt so viele Male wie die ganze Mannschaft in der letzten Saison.

An solche Augenblicke muss der Fan denken, wenn es um ihn herum ganz duster ist. Denn solche Wahnsinnsmomente sind es, die unsereinem wieder Mut geben und an die Zukunft des HSV glauben lassen.

Deswegen, wat mutt, dat mutt, noch ein lyrischer Erguss von dem Ollen aus Weimar.

Selige Sehnsucht

Sagt es niemand, nur den Weisen,
Weil die Menge gleich verhöhnet,
Das Lebendge will ich preisen
Das nach Flammentod sich sehnet.

Und solang du das nicht hast,
Dieses: Stirb und werde!
Bist du nur ein trüber Gast
Auf der dunklen Erde.

(Johann Wolfgang von Goethe)

26.

DIE NULL …

… muss stehen. Hinten, versteht sich. Im doppelten Sinn. Auf dem Papier und auf dem Platz. Und damit die Rechnung aufgeht, gibt es den Mann zwischen den Pfosten. Nicht irgendeinen x-beliebigen natürlich. Sondern einen auf Weltklasseniveau. Über die Jahrzehnte möglichst mehrere davon. Im Stück. Also ohne zeitliche Zwischenräume, in denen Fliegenfänger den ganzen Abwehrverband von einer delikaten Situation in die nächste schlittern lassen. Nee, ein Spitzenverein braucht Spitzentorhüter. Und davon hatte der HSV jede Menge im Laufe seiner jüngeren Historie.

Aber bevor ich Namen, die jeder kennt, nenne, muss ich doch noch etwas anderes loswerden, was mir auf der Seele liegt.

Die Null muss stehen. Wie gestern Nachmittag im Spiel zwischen den Dänen und den Blauen aus Frankreich. Die hab ich inzwischen richtig gefressen, muss ich zugeben. Dieser rein ergebnisorientierte Fußball geht mir so was von gegen den Strich. Minimalistengewürge ist das, nichts weiter. Und arrogant, das ist dieses Ballgeschiebe ohne jeden geistigen Nährwert auch. Vor allem aber, es sorgt für eine Reminiszenz, die, wie jeder weiß, skandalträchtig ist. Also, nicht die Reminiszenz ist skandalträchtig. Sondern das, worauf sie Bezug nimmt.

Ich sage nur: Gijon. Das Risiko minimieren. Auf Konter lauern. Guter Witz, da doch keine der beiden Mannschaften überhaupt den Versuch unternimmt, in den gegnerischen Strafraum einzudringen. Einfach zu riskant. Obwohl, dass in Moskau am gestrigen Nachmittag der Sicherheitsaspekt des möglichst gering zu haltenden Risikos irgendeine Rolle gespielt hat, darf bezweifelt werden. Die beiden Mannschaften wollten sich von allem Anfang an nicht wehtun. Und taten es deswegen auch nicht.

Mittelfeldgeschiebe. Links rum. Rechts rum. Raumgewinn gleich null. Vorbildlich zelebriert 1982 bei der WM in Spanien, als die deutsche Nationalelf gegen die Ösis in der Vorrunde genau das Ergebnis erzielte, das fürs Weiterkommen unbedingt nötig war. Nennt man Nachbarschaftshilfe. 1:0 in der 10. Minute durch Horst Hrubesch. Danach hätte der Kick auch gleich und getrost abgepfiffen werden können. Ist, weiß jeder Fußballfan, als die »Schande von Gijon« in die in dem Fall unrühmliche Geschichte des Ballsports eingegangen.

20 Meter diesseits und jenseits des Mittelkreises herrscht Hochbetrieb. Die Räume so eng machen, dass nicht mal eine Maus eine Chance hat durchzuflutschen. Deswegen sind die Italiener mit ihrem Catenaccio ja so erfolgreich. Hinten Beton anrühren. Den Gegner zermürben. Folge: Konzentrationsschwund. Und dann, in der 89. Minute, erbarmungslos zuschlagen. Fußball zum Abgewöhnen. Langeweile pur. Keinen Cent wert.

Genau genommen haben die beiden Mannschaften den Rekord von 1982 sogar noch eingestellt. Weil sie es nämlich geschafft haben, überhaupt kein Tor zu erzielen. Das erste 0:0 bei dieser WM. Was, von allem anderen abgesehen, ohnehin schon mal aussagekräftig ist. Und danach, wie oberpeinlich ist das denn, lagen sie sich auch noch in den Armen und beglückwünschten sich gegenseitig zu der fußballerischen Farce der voraufgegangenen 90 Minuten.

Ich sag's noch einmal: Den Titelmitfavoriten aus dem westlichen Nachbarland traue ich bei dieser WM so ziemlich alles zu. Und das bedeutet nichts Gutes. Dass aber Danish dynamite bei diesem fußballerischen Totaloffenbarungseid nach Kräften mitgemischt hat, das erstaunt mich denn doch ein wenig. Ausgerechnet die Mannschaft, die immer wieder für positive Überraschungen gut ist. Hat sich auf diesen bilateralen Kuhhandel eingelassen. Wenn es um das nackte Überleben geht, scheinen selbst die Rot-Weißen anfällig dafür zu sein, den moralischen Schwachmaat heraushängen zu lassen.

Jetzt kommt es bereits im Achtelfinale zu dem ersten vorweggenommenen Endspiel. Frankreich muss gegen die Gauchos aus Argentinien ran. Wenn's heute ganz blöd läuft, gibt es in der nächsten Runde noch ein vorgezogenes Finale. Sozusagen. Das zwischen unseren Jungs und den Brasilianern. Kann alles passieren, und vieles, wenn nicht das meiste, spricht dafür. Zeitvorausschaubedingte Korrektur am Rande: wird dafür gesprochen haben, wie jetzt alle wissen. Von denen viele es vermutlich immer noch nicht werden wahrhaben wollen. – Es sei denn, die Mexikaner gönnen sich den Spaß und gehen, ohne jeden Vorsatz, versteht sich, gegen die Blau-Gelben aus Sverige mit 0:5 unter. Weil sie, wie gestern die Kroaten, mit der Ersatzmannschaft auflaufen. Neun von elf Kickern betreten zum ersten Mal bei dieser WM den grünen Rasen und dürfen zeigen, was sie draufhaben. Die Kroaten haben selbst mit ihrer zweiten Elf was drauf. Weswegen sie mir nicht bloß hochsympathisch, sondern inzwischen mehr als bloß ein Geheimfavorit sind. 9:0 Punkte hat sonst keine der 32 beteiligten Teams auf der Habenseite. Obwohl, stimmt nicht, auch den Urus ist das gelungen. Die haben sogar noch kein einziges Tor kassiert. Ein weiterer Mehralsbloßgeheimfavorit – muss ich nicht sagen, was ich jetzt eigentlich sagen müsste … Und auch die Three Lions oder die roten Teufel aus Belgien, also eine von beiden Mannschaften, weil die morgen noch aufeinandertreffen, können, beziehungsweise kann, das auch noch schaffen. Und Mechiko natürlich. Es sei denn … Wundern jedenfalls würde es mich nicht, sollte sich heute Nachmittag Seltsames zutragen. Dann sind wir mal die Gelackmeierten. Könnte man als historische Gerechtigkeit bezeichnen. Am Ende gleicht sich alles aus.

Argentinien. Messi. Noch ein Wort. Denn ich habe mich gestern Abend wirklich für das Ausnahmetalent, das immer diese Ruhe ausstrahlt, gefreut. Kein Rumgemosere, keine schauspielerischen Einlagen, keine Arroganz dem Gegner gegenüber. Ich sage bloß Mbappé. Nee, die argentinische Nummer 10 ist in jederlei Hinsicht ein Spieler auf Weltklasseniveau. Auch unter dem moralischen Gesichtspunkt eigentlich unübertroffen. Und deswegen mag ich ihn so. Fast so sehr wie die ehemalige 10 des HSV, also den mit der 23 auf dem Trikot.

Weswegen ich mir gestern am späten Abend auch einen Ast gelacht habe (sagt man so?), dass die Argentinier auf den letzten Drücker noch das Siegtor erzielt haben. Dieser erzsympathische Spitzenkönner hätte einen unrühmlichen Abgang ganz einfach nicht verdient gehabt. Allein, wie er das 1:0 erzielt hat … Das macht ihm so schnell keiner nach. Den langen Ball aus der Luft gefischt, als ob es gar nichts wäre. Elegant verarbeitet, trotz Bedrängnis. Und trocken mit Rechts abgezogen. Ein Zungenschnalzer. Ganz großer Sport.

Nur, kleiner Wermutstropfen, jetzt müssen die aus Südamerika gegen Les Bleus ran. Und das kann, so wie die Équipe Tricolore drauf ist, voll in die Hose gehen. Meine Befürchtung ist, dass die von jenseits des Rheins das Ding mit 1:0 nach Hause schaukeln.

Sie werden es, wie inzwischen auch jeder weiß, mit 4:3 nach Hause geschaukelt haben. Und zwar, der Wahrheit die Ehre, auf Grund der Wahnsinnsspitzenleistung in der zweiten Halbzeit hochverdient. Wenngleich es zum Ende, also in der Nachspielzeit, doch noch einmal eng wurde, beziehungsweise geworden ist.

Und die deutsche Nationalmannschaft, was ist mit der?! Gesetzt den Fall, sie fliegen nicht bereits in der Vorrunde raus – was übrigens auch ein Rekord wäre, da dieses Malheur ihnen (also den Vorgängernationalteams) in ihrer langen Historie bisher noch nie passiert ist –, wie wird sich das Spiel gegen die Seleção entwickeln? Mein Tipp: 2:1 für die Mannschaft vom Zuckerhut. Weil ich, wie an anderer Stelle erörtert, nicht sehe, worin die Identität unseres Teams besteht. Die sind ähnlich kopfscheu wie die Argentinier, weil sie, letztlich, doch nicht von sich und ihrem Können überzeugt sind. Weswegen den Mannen um Neymar Jr. die Revanche von vor vier Jahren gelingen könnte. Vielleicht nicht gerade mit einem Kantersieg. Aber ein 2:1 – irgendwie, neben dem 1:0, das Standardergebnis nicht nur bei dieser WM – sollte locker drin sein.

Wir werden sehen, und ich melde mich in dieser Causa noch einmal zu Wort. Versprochen. Mittlerweile muss es allerdings heißen: Ich werde mich in dieser Causa noch einmal zu Wort gemeldet haben. Und zwar an früherer Stelle, die, unter dem rein zeitlichen Gesichtspunkt, die spätere gewesen ist. Gewesen sein wird ...? Muss ich selbst mal drüber nachdenken, ob man das so sagen kann. Momang ... Jo, dat geit. Denkt selbst mal drüber nach. Aber Vorsicht: nicht rammdösig werden dabei.

... die Null muss stehen.

Wer war für unseren Verein jeweils der Garant, dass diese Maxime ziemlich oft Realität wurde? Von hinten nach vorne. Rudi Kargus, Uli Stein, Hans Jörg Butt, René Adler, Julian Pollersbeck. Das sind die aus meiner Sicht wichtigsten Namen. Ritter Rost, also Fränkie, den sollte man jedenfalls auch noch am Rande erwähnen. Was ihn vermutlich ärgern wird, sollte ihm dieser Schmöker in die Hände fallen. Und er hat ja recht, der mit dem losen Mundwerk. Also, vorneweg noch so viel zu Frank Rost: Er stand von 2007 bis 2011 zwischen den Pfosten und hielt den Kasten sauber. Auf allerhöchstem Niveau, auch er.

Am Ende der Saison 2007/08 erhielt Fränkieboy die Fußballauszeichnung *Die weiße Weste* für die meisten Spiele ohne Gegentor. Hat vor ihm noch niemand bekommen. Was eindeutig heißt – Rekord.

Unser Rost ist, Rekorde über Rekorde, neben Jens Lehmann und Marwin Hitz der bisher einzige Torwart, der in einem Spiel der Fußball-Bundesliga ein Tor erzielt hat. Und zwar aus dem Spiel heraus. Denn Elfer versenken, das kann schließlich jeder. Im Spiel der Werderaner – ja, Fränkie hat auch bei denen, was nicht wirklich für ihn spricht, für geordnete Verhältnisse im Rückraum gesorgt – gegen den FC Hansa aus Rostock markierte er am 31. März 2002 in der 90. Minute den Treffer zum 3:3 für die Bremer. Die den Wahnsinnskick noch mit 4:3 gewonnen haben. Das Fußballwunder aus Rostock. Abschließend noch dies: Er ist der bisher einzige Torwart, der an der Torwand des *Aktuellen Sportstudios* fünf Treffer erzielt hat. – Rekord. Für die Ewigkeit? Man wird sehen. Oder auch nicht. Denn da kommt, wie wir inzwischen alle wissen, immer noch was nach. Jedenfalls: wie weiland Kaiser Franz, wenn mich mein Gedächtnis nicht trügt.

Nein, Ritter Rost, das war schon so einer. Ein rechter Teufelskerl, und er hat für unseren Verein gekickt. Können wir alle stolz drauf sein!

Jetzt: Rudi Kargus. Spielte neun Jahre für den HSV. Fast ein ganzes Dezennium. Heißt, von 1971 bis 1980. Kam auf insgesamt 254 Einsätze. Seine Erfolgsbilanz: Er holte mit der Mannschaft 1976 den DFB-Pokal, 1977 den Europapokal der Pokalsieger und 1979 die deutsche Fußballmeisterschaft an die Elbe. Respekt!

Der Wahnsinnsknabe Kargus stand und steht aber für etwas, wofür ein Torwart, wenn es ganz gut läuft, zu stehen hat. Nämlich, so viele Elfer wie möglich abzuwehren. Sprich, der nervlichen Extrembelastung Mann gegen Mann locker gewachsen zu sein. Rudi ist bis heute – Achtung: noch ein Rekord! – mit insgesamt 23 gehaltenen Strafstößen der »Elfmetertöter« der Bundesliga-Geschichte. Legendär ist das Pokalwiederholungsspiel vom 22. Dezember 1973 gegen die Fohlen vom Bökelberg, als er beim 3:1-Erfolg des HSV nach Elfmeterschießen drei Strafstöße von Köppel, Bonhof und Danner parierte.

Noch eine kleine Pointe, die den kurzen Lebensrückblick so richtig rund macht: Am 9. März 1985 hielt Kargus, er war zu dem Zeitpunkt beim KSC unter Vertrag und das Ende seiner langen Laufbahn war bereits in Sichtweite, auch einen Elfer gegen seine Ex-Mannschaftskameraden. Keinem Geringeren als seinem ehemaligen Mannschaftskollegen Manni Kaltz hat er in die Suppe gespuckt. Ausgerechnet Manni. Ausgerechnet? Ja, ausgerechnet. Erklärung folgt auf dem Fuße.

Also Kaltz. Der Bananenflankengott. Auf Hrubeschs Betonschädel. Der rechte Verteidiger erzielte summa summarum 76, in Worten, sechsundsiebzig, Tore während seiner Zeit beim HSV. Wie lange kickte er für den Club mit der Raute im Vereinswappen? Von 1971 bis 1989 lief er für meinen Verein insgesamt 568-mal auf. Eine Wahnsinnszahl! Aber ebenso wahnsinnig ist auch, dass der kesse Flügelflitzer 53 seiner Tore per Foulelfmeter erzielt hat. Der HSV hatte also in diesen seligen Zeiten nicht bloß einen Elfmetertöter in seinen Reihen, sondern auch einen Schützen, der vom Punkt traf, wie er wollte. Und was heißt das unter dem Rekordgesichtspunkt? Eben das. Kaltz ist der erfolgreichste Elfmeterschütze der Bundesligageschichte bis auf den heutigen Tag. Was allerdings bedeutet, dass es sich um keinen Rekord für die Ewigkeit handeln wird. Obwohl ich nicht daran glaube(n) (mag), dass irgendwann, in ferner Zukunft, ausgerechnet ein rechter Verteidiger unseren Manni vom Thron stoßen wird. Nee, das kommt überhaupt nicht in die Tüte!

Noch eine kleine, aus meiner Sicht allerdings unerhebliche, Randnotiz. Mit sechs Eigentoren hält der Bananenflankengott freilich auch so etwas wie einen Negativ-Rekord. Den er sich allerdings nicht mit Kaiser Franz, sondern mit – wieder ein Zungenbrecher – Nikolče Noveski; noch nie gehört – teilt.

Zurück zu Rudi. Der hat nämlich auch noch in einer ganz anderen Hinsicht ein feines Händchen. Der dreimalige Nationalspieler ist nicht erst seit gestern ein in der Szene anerkannter

Kunstmaler. Das ist vermutlich auch so etwas wie ein Rekord, dass ein Goalie in seinem zweiten Leben das Feinsinnige in sich entdeckt, zu Pinsel und Farbpalette greift und sich erneut auf ganz hohem Niveau in die Welt des schönen Scheins verliert.

Weiter. Wer hütete bei den Nordlichtern noch den Kasten? In den 80ern fiel diese Aufgabe keinem Geringeren als Uli Stein zu. Was für ein Charakter! Beinhart! Stets diskussionsfreudig. Immer vor Ort, wenn es was zu klären gab. Und ein Weltklassetorhüter, das war unser Uli natürlich auch.

Spielte insgesamt zwei Mal für meinen Verein. Also nicht zwei Mal ... Sondern hatte ein zweimaliges Engagement ... Deutsche Sprache sein schwere Sprache. Also, dritter Anlauf, er hütete den Kasten der Rothosen zunächst in den güldenen 80er-Jahren von 1980 bis 1987, und dann noch einmal, sieben Jahre später – auch er hatte das Ende seiner außergewöhnlichen Karriere fest im Blick – in der Spielzeit 1994/95. Die zehn (!) Jahre, die dann noch folgten, waren, wie ich finde, vernachlässigenswertes Gedaddel. Hätte nicht sein müssen.

Was gibt es über diesen Teufelskerl zu berichten? Denn eines ist klar. Torhüter müssen aus ganz hartem Holz geschnitzt sein, weil letztlich irgendwie alles an ihnen hängt. Sie müssen Nerven wie Drahtseile haben. Ruhe müssen sie ausstrahlen, damit die vor ihnen in der Abwehr das schöne Gefühl haben, dass im Zweifelsfall einer da ist, der ihre Fehler astrein ausbügelt. Führungsqualitäten müssen sie haben, wie Manu Neuer oder weiland Olli Kahn. Müssen ihre Vorderleute auch mal anpöbeln und, im Falle einer drohenden Niederlage, nach vorne peitschen. Nur in die Ohren beißen, nein, das gehört eigentlich nicht zum Berufsbild.

Also, alles in allem, wirklich kein leichter Job.

Uli vereinte das alles und noch viel mehr in seiner Person. Seine sportlichen Erfolge. Von hinten nach vorne. Mit dem HSV holte er 1987, es war das letzte Spiel des Grantlers aus Wien an der Seitenlinie für unseren Verein als Verantwortungsträger auf der Trainerbank, den DFB-Pokal. Er wurde 1982 und 1983 Deutscher Meister. 1983 der Höhepunkt. Ich sage nur Athen. Turin. Magath.

Aber war das etwa alles? Ganz entschieden, nein! Denn bei seinem nächsten Engagement holte er mit der Eintracht aus Frankfurt den DFB-Pokal 1988. Erst 1987 und gleich danach noch einmal. Hat's, soweit ich weiß, auch weder davor noch danach gegeben, dass ein Spieler mit zwei verschiedenen Vereinen nacheinander den Pott gewonnen hat. Also auch ein Rekord. Für die Ewigkeit? Die Zukunft wird es weisen.

Was schlägt noch zu Buche? Eine dreimalige Vizemeisterschaft. 1981, 1984 und 1987. Darüber hinaus erreichte er mit dem Team sowohl das Finale des UEFA-Pokals 1982 als auch das Weltpokal-Finale 1983. Erfolge, wo du hinschaust.

Und es gibt noch einen Rekord zu vermelden. Einen, nenne ich's mal, Methusalem-Rekord. Stein ist mit 42 Jahren, fünf Monaten und 19 Tagen der älteste Torwart, der je in der Bundesliga gespielt hat. Dino Nationale oder Gianluigi Buffon, der gleichfalls Unverwüstliche, lassen grüßen. Obwohl sie eigentlich bloß »Nachahmungstäter« sind.

Noch ein Wort zu Ulis kernigem Charakter. Darin glich und gleicht er dem anderen Hamburger Goalie Frankie Boy. Was auch und vor allem bedeutete, dass er sich ab und an zu kessen Sprüchen hinreißen ließ, die seinem beruflichen Fortkommen nicht immer förderlich waren. Auch das eint sie. Wo du hinschaust, findest du Gemeinsamkeiten. »Bei der WM in Mexiko wurde Stein von DFB-Chef Hermann Neuberger vorzeitig nach Hause geschickt, nachdem er Teamchef Franz Beckenbauer – in Anlehnung an Beckenbauers recht hölzern wirkenden Suppen-Werbespot der 1960er-Jahre – als »Suppenkasper« bezeichnet hatte.« Steht geschrieben. Sollte man, wie hier geschehen, lieber zitieren. Nicht, dass es in der Causa Suppenkasper noch zu rechtlichen Schritten kommt, und zwar gegen mich.

Nein, Uli und Frankie fiel es sichtlich schwer, den Mund zu halten. Haben sich immer wieder mal zu Wort gemeldet. Aus der Sicht derer, denen ihre mentale Aufmerksamkeit galt, eigentlich stets zum falschen Zeitpunkt. Beispielsweise mit seinem, also Ulis, Schmöker *Halbzeit* aus dem Jahr 1993. Dieses in sich zwangsläufig noch unvollendete und also Lebensabschnittsresümee sorgte für, sagen wir mal, mediales Aufsehen. Etwas Besseres kann einem Autor eigentlich gar nicht passieren.

»Weiter. Immer weiter«, oder so ähnlich. Um einen anderen Weltspitzentorwart zu zitieren. Wer folgte auf – Nomen est Omen – den Teufelskerl Stein?

Butt, Hans Jörg. Folgte nicht wirklich. Also unmittelbar nach dem bekennenden Stänkerer. Aber ist, meines Erachtens, der nächste Torhüter meines Vereins, der das vorgegebene Niveau wirklich gehalten hat. In *dem* Sinne war *er* der Nachfolger.

Stand in der Zeit von 1997 bis 2001 beim HSV zwischen den Pfosten. Also in der Summe 133-mal. Aber, jetzt kommt's. Und was jetzt kommt, das weiß jeder HSV-Fan. Der Wahnsinnsknabe war nicht nur ein Wahnsinnstorhüter, nein, er war auch und vor allem ein Vollstrecker. Vom Punkt. Er hat summa summarum 19 Elfer verwandelt, der mit dem Herzen kalt wie Eis. Auch wenn er immer hochsympathisch und menschlich rübergekommen ist. Sobald er vom Punkt mit seinem aufreizend kurzen Anlauf sein Gegenüber ins Visier nahm, war Schluss mit lustig. 19-mal mussten die Berufskollegen hinter sich greifen, wenn Hans Jörg ernst machte. Und er hat immer ernst gemacht. Also bei allen Elfern, die er geschossen hat, auch getroffen. – Rekord!

Seine *wirklichen* Erfolge stellten sich allerdings blöderweise erst später bei anderen Vereinen, deren Namen ich nicht nenne, ein.

Deswegen weiter im Text.

René Adler us Lääpzsch kam zur Saison 2012 an die Elbe, nachdem er bei dem Werksclub aus Leverkusen ausgemustert worden war. Wieso? Ich weiß es zwar. Habe aber trotzdem keine Ahnung. Heißt, ich stelle mich mal dumm, weil ich finde, dass das, erstens, skandalös war, aber, zweitens, meinem Verein in die Karten gespielt hat. Denn der Adler, der heißt nicht bloß so, nein, der Adler, der hält auch so. Fliegen, das ist sein erster Vorname, wenn es ums Toreverhindern geht.

Hätte er sich nicht diese saublöde Verletzung zugezogen, ich wette, nicht Manuel Neuer wäre die langjährige Nummer 1 im Nationaltrikot geworden, die er ja immer noch, trotz monatelanger Verletzung auch seinerseits, ist, sondern diesen Posten hätte der (Bundes-) Adler eingenommen.

Was war geschehen? Adler sollte eigentlich das Tor bei der WM in Südafrika als Nummer 1 hüten. Doch dann kam der verfluchte 4. Mai 2010. Die schwerwiegende Rippenverletzung machte ihm einen Strich durch die Rechnung. Der Trip zum Tafelberg fiel ins Wasser. Und seine Kariere in der deutschen Fußballnationalmannschaft war letztlich auch beendet, bevor sie so richtig begonnen hatte. Tragisch, irgendwie.

Damit dieser Abschnitt nicht mit schlechten Gefühlen endet, noch ein zukunftsweisender Nachklapp. Julian Pollersbeck, der gebürtige Altöttinger. Was ist mit dem? Er bleibt uns erhalten. Vermutlich. Was weiter? Er ist gerade mal knappe 25 Jahre alt. Zum Zeitpunkt des Erscheinens dieses Schmökers hat er die Vierteljahrhundertmarke bereits geknackt. Trotzdem. Blutjung für einen Torwart. Der die Zukunft noch vor sich hat. Er war Stammtorhüter der U21-Nationalmannschaft bei der Europameisterschaft 2017. Im Halbfinale gegen die Three Lions am 27. Juni 2017 hielt Pollersbeck im Elfmeterschießen zwei Strafstöße. Der Einzug ins Finale war dank seiner tätigen Mithilfe in trockene Tücher gebracht. Im Anschluss an das gewonnene Endspiel gegen Spanien wurde er zum besten Torhüter des Turniers gewählt.

Na denn, was soll da noch schiefgehen? Sofern er uns erhalten bleibt …

27.

SENSATION

Zurück in die Vergangenheit, die zu einem früheren Zeitpunkt noch eine Zukunft gewesen ist. Denn, nun ist es also doch passiert. Wie befürchtet. Was trotzdem keiner hat wahrhaben wollen. Und das bereits in der Vorrunde. Was bisher, in der ruhmreichen Geschichte des deutschen Fußballsports, noch nie passiert ist. Negativ-Rekord. Und noch negativer an dem Negativen ist, dass sie Gruppenletzter mit schlappen drei Pünktchen und 2:4 Toren geworden sind. Rausgeflogen. Mit 0:2 gegen die Underdogs aus Südkorea verloren. Die Katastrophe schlechthin. Unaussprechliches Entsetzen. Schockstarre. Bei allen Beteiligten und emotional Involvierten – ich rede von uns Fans – landauf, landab.

Zeitgleich haben die Schweden, Hut ab und Ehre, wem Ehre gebührt, die bislang so enorm spielstarken Mexikaner mit 3:0 niedergerungen. Und beenden damit als Gruppenerster die Vorrunde. Hat auch nicht jeder mit gerechnet.

Das Datum: der 27.06.2018. Rot im Kalender markieren. Oder am besten gleich vergessen und die Schmach verdrängen. Wovon ich abrate. Denn, man muss sich gerade und vor allem bei Niederlagen der Situation stellen. Um einerseits zu verstehen, was alles falsch gelaufen ist, um andererseits nach erfolgter Analyse darauf hinzuwirken, dass die Fehler in Zukunft nach

Möglichkeit abgestellt werden. Wie bei unserem HSV. Bei dem die Analyse und die praktische Konsequenz daraus allerdings 'n bischen zu spät stattgefunden haben.

Außerdem, nie vergessen, jedes Ende ist auch ein Anfang. Alte Fußballerweisheit.

Was ist heute Nachmittag eigentlich geschehen? Vor allem aber warum?

Bereits jetzt, kurz nach dem Schlusspfiff, haben die Spezialisten der Szene und die, die sich dafür halten, ihre Stirn in angestrengte Falten gelegt und haben sich an die mentale Aufarbeitung des Desasters gemacht. Es hätten unschöne Begriffe wie Angsthasenfußball, Panikorchester, Versagensängste fallen können. Sind sie aber nicht. Wäre auch ungerecht gewesen.

Doch, halt! Von Versagensängsten war ziemlich bald dann doch die Rede. Von fehlendem Zutrauen zu der eigenen Leistungsfähigkeit. Unentschlossenheit. Und von der Angst, sich bis auf die Knochen zu blamieren, ja, das wurde auch als These in den denkerischen Raum gestellt. Der Tenor: Sie haben dem Druck aus unerfindlichen Gründen nicht standgehalten.

Ich sag euch was. Meiner bescheidenen Meinung nach hatten die Jungs von allem Anfang an Angst vor dem Fehler. Der dem einen oder anderen bereits im Spielaufbau unterlaufen könnte. Entsprechend bedächtig, um nicht zu sagen, schlafmützig gingen sie in der ersten Halbzeit zu Werke. Bloß keinen Gegentreffer kassieren war die Devise. Hinten sicher stehen und nur keinen Konter zulassen. Also wurde die Pille im Mittelfeld hin- und hergeschoben, und Pässe in die Tiefe, also in die Schnittstellen der Abwehr, waren totale Fehlanzeige.

Wie kann das sein, dass eine Mannschaft, die seit Jahren bereits für gepflegtes Kurzpassspiel bekannt ist, weil sie es sich von den Spaniern abgeschaut hat, und, aufgrund ihrer technischen Fertigkeiten durch alle Mannschaftsteile hindurch, zu praktizieren auch in der Lage ist, genau dies, wie auf Bestellung, nicht mehr kann? Plötzlich, wie auf Knopfdruck, alles verlernt zu haben scheint? Die das Spiel wie aus dem Nichts schnell zu machen verstand. Sodass der Gegner oft nicht wusste, wo sich das Spielgerät im Moment gerade befand. Und den folglich immer wieder ein leichtes Schwindelgefühl befiel. Weil alles wie im Zeitraffer ablief. Einfach zu schnell, um darauf noch situationskonform reagieren zu können.

Heute Nachmittag war das Gegenteil, nämlich die Zeitlupe, die fortwährende Verlaufsform. Eigentlich sogar eher Stillstand, wo du hinschautest. Bewegung im Spiel nach vorne … Totale Fehlanzeige. Ball und Gegner laufen lassen … Kannst du voll vergessen.

Ich frage noch einmal: Wie kann das sein?

Ich sage dazu das Folgende. Dem Team war bereits im ersten Kick gegen die Mexikaner das Herz derart in die Hose gerutscht, dass sie fortan nur noch mit sich selbst beschäftigt waren. Von dem blamablen 0:1 gegen die Mittelamerikaner haben sie sich weder emotional noch mental mehr erholt. Da konnten sie noch so sehr auf gute Laune und Zuversicht, zumal nach dem Last-second-Tor gegen die Schweden, machen. Und je mehr sie die Zuversicht raushängen ließen – ob Spieler, ob Trainerstab, gleichviel –, desto deutlicher hätte werden müssen, dass sie alle diesen demonstrativ zur Schau gestellten Optimismus bitter nötig hatten. Weil sie eben gerade nicht mehr daran glaubten, das Ding noch umbiegen zu können. Wer permanent auf gut Wetter macht, der hat den Regenschirm bereits in der Hand. Auch wenn, oder vielmehr gerade, weil er es permanent abstreitet. Und der schleicht dann auch wie ein begossener Pudel vom Platz, wenn das finale Unwetter über ihn hereingebrochen ist. Weil diese Haltung insgeheim die ganze Zeit schon in ihm auf der Lauer gelegen ist. Wer immer Angst davor hat, ich zitiere Manuel Neuer im Anschluss an den Kick, »erbärmlich« zu spielen, der spielt zwangsläufig genauso. Man kann es auch so sagen: Ist die Leichtigkeit erst einmal futsch, dann ist sie futsch. Klingt nichtssagend doppelt gemoppelt. Ist aber so. Und deswegen, als Fazit, Dementis bedeuten, das lehrt die Erfahrung, stets das Gegenteil von dem, was wortreich dementiert wird. Weil man sich selbst einreden will, woran man selbst schon längst nicht mehr glaubt. Da beißt die Maus keinen Faden ab.

Kleiner Trost. Mit dieser Einstellung hätten sie das Kräftemessen im Achtelfinale gegen die Brasilianer so was von vergeigt. Wäre womöglich zu einem noch nie da gewesenen Debakel gekommen. Zweistellig verloren. Was dann über das Team hereingebrochen wäre, mag man sich gar nicht ausmalen. Spott und Häme sind viel zu schwache Worte für das, was dann nicht allein von den Pressefritzen in die Welt gesetzt worden wäre. Irgendwie wäre es garantiert um den Untergang deutscher Fußballkultur gegangen. Und von derlei moralischen Vernichtungsschlägen hätte sich vermutlich manch einer der Nationalspieler sein Lebtag lang nicht wieder erholt.

Nein, seid froh, dass euch das Allerschlimmste erspart worden ist. Genießt den wohlverdienten – trotz allem – Urlaub, geht in euch, arbeitet an eurer Einstellung, sodass ihr mental auf die Quali-Spiele zur nächsten EM vorbereitet seid. Und entdeckt die Freude am Spiel wieder, die sich in aller Regel erst dann einstellt, wenn sich die Identität nicht immer über die Angst des Identitätsverlustes definiert.

Ich weiß, zurück zu meinem Verein, allein deswegen, wovon ich rede, weil sich Ähnliches über Jahre beim HSV zugetragen hat. Vor jedem Spiel wurde auf gute Laune gemacht. Das kommende Heimspiel, das gewinnen wir, was gilt die Wette?! Weil wir am letzten Wochenende, obwohl wir die bessere Mannschaft waren, unverdient verloren haben. Jetzt sind wir reif für die Wende. Und die 20 Punkte bis zum Ende der Hinserie, die hat dieses Team noch locker drauf.

Das ist eine kleine Auswahl der Sprüche und Gedankenspiele, die man Woche für Woche über so ziemlich alle Kanäle um die Ohren gehauen bekam. Nach jeder Niederlage wurde die Wende herbeigeredet. Jetzt aber ganz bestimmt. Die Mannschaft hat zu ihrer alten Stärke zurückgefunden. Mit ein wenig Glück schaffen wir das schon. Im letzten Fight, da war 'ne Menge Pech im Spiel. Und Köpfe hängen lassen?! Nee, das kommt überhaupt nicht in die Tüte. Jetzt erst recht. Wir sind Kämpfer. Die Mannschaft hat, der erneuten Niederlage zum Trotz, Charakter bewiesen. Blablabla.

Woche für Woche dieselben Worthülsen und Sprechblasen. Ich konnte es nicht mehr hören. Und ich gehe mal stark davon aus, dass es den meisten von euch ganz genauso gegangen ist. Weswegen ja auch, je länger, desto mehr, manche zur Häme neigten. Was man bei dieser peinlich bemühten Form permanenter Selbstbeweihräucherung ja wohl auch irgendwie verstehen kann.

Ich jedenfalls war das monotone, weil immer gleiche, Gelaber irgendwann so was von über. Weil, Optimismus, gut und schön. Aber wenn das Wasser bereits bis Oberkante Lippe steht, dann sind andere Tugenden gefragt als diese hilflos-unentwegte und total sachfremde Schönfärberei. Dann muss man sich endlich mal ernsthaft fragen, was eigentlich faul ist im Staate Dänemark. Dann braucht es Kompetenz gepaart mit Ruhe. Und einen klaren Blick für das insgesamt Desaströse der momentan oder schon längerfristig beschissenen Situation. Und so jemand hat dem HSV leider allzu lange gefehlt.

Kaum aber war er da, ging es – landauf, landab rieb man sich erstaunt die Augen – fast von einem Tag auf den nächsten mit dem HSV bergauf.

Titz hat es doch selber vor laufender Kamera klipp und klar und mit einem Schmunzeln im Gesicht gesagt: Worauf es vor allem ankommt, das ist, sich jeden einzelnen Spieler auf seine Stärken hin anzusehen. Also einen Blick für den Sportsmann im Menschen zu haben. Ihm exakt diese gewonnenen Einsichten zu vermitteln, damit er einsieht und versteht, was ihn zu gerade diesem Spieler macht. Worin seine wahre Identität besteht. So dass er, nächster Gedankenschritt, begreift, was seine ganz spezielle Aufgabe auf dem Spielfeld ist, der er, so geht Mutmachen, auf jeden Fall gewachsen sein wird. Und wenn du den Spielern dann noch mit einem aufmunternden Lächeln zu verstehen gibst, dass eventuell unterlaufende Fehler im Offensivspiel ihnen nicht ewig und vorwurfsvoll hinterhergetragen werden, ja, dann trauen sie sich plötzlich was und entdecken die Freude am Fußballspiel wieder. Weil sie kapiert haben, was das ist, was sie da seit Jahren treiben. Ein Spiel, und nichts weiter.

Und genau dieses Selbstverständnis ist der Nationalmannschaft bei dieser WM gänzlich abgegangen. Die hatten allesamt keinen Spaß mehr am Fußball, weil sie einerseits nur die Titelverteidigung im Kopf und entsprechend eine Höllenangst davor hatten, so was von Schiffbruch zu erleiden. Wenn du immer das

Größte willst, verpasst zu sämtliche dafür nötigen Zwischenschritte. Oder, anders gesagt, wer immer nur in der Zukunft lebt, die exakt darum nie eingetreten sein wird, dem geht die Gegenwart abhanden. Der gelebte Augenblick. Vor dem du die ganze Zeit davonläufst. Aber je mehr du rennst, desto sicherer kannst du sein, dass die Gegenwart dich wieder einholt. Nämlich die, vor der du kopfscheu davongelaufen bist. Und genauso sicher kannst du sein, dass sie alles andere als erfreulich sein wird. Und entsprechend realitätsfremd spielten ..., nee, krampften sie dann auch. Nicht, weil sie von gestern auf heute das Fußballspiel verlernt hätten, was als Erklärungsansatz auch bereits seitens der ganz Schlauen im pseudoargumentativen Raum steht. Weil die Mannschaft nämlich überaltert sei. Ihren Leistungszenit längst überschritten habe. Und ähnlichen Käse musste man sich gleich nach dem Ausscheiden anhören. Zumindest andeutungsweise.

Wer derart kurzsichtig die Zukunft, also den heraufbeschworenen Umbruch und Neuanfang ins Visier nimmt, verpasst darüber alles. Sowohl die Zukunft als auch die Gegenwart, die eine ganz andere Herangehensweise erfordert. Eine, wie Krischan Titz sie mit kurzen, präzisen und warmherzigen Worten in die Kamera gesprochen hat.

Nur, damit ich jetzt nicht womöglich falsch verstanden werde. Das ist kein Plädoyer für einen Trainerwechsel bei der Nationalmannschaft. Denn der Jogi ist ja eigentlich selbst dieser besonnene Klardenker mit dem Herzen am rechten Fleck und dem unbedingt erforderlichen Blick auch für die jeweilige Gemütslage seiner Jungs. Dass es selbst ihm nicht gelungen ist, rechtzeitig gegenzusteuern und Dampf vom Kessel zu nehmen, das ist etwas, was mich, da bin ich ehrlich, doch überrascht hat. Das kam unverhofft. Auf jeden Fall unverhoffter als die historische Pleite, die das deutsche Nationalteam heute Nachmittag ereilt hat.

Mein Tipp: Lernt was draus und macht euch ehrlich. Identitätsfindung hat immer auch etwas mit Selbstfindung zu tun. Und wie die geht, das hat der Neue beim HSV nicht bloß theoretisch vorexerziert. Weswegen wir Fans ja auch allen Grund haben, optimistisch in die Zukunft zu schauen.

Nachtrag: Wenn jetzt, einen Tag danach, auf allen Kanälen und den sogenannten sozialen Medien die aggressiv-mosernden Nachtreter – ich erspare mir und all den anderen Sanftmütigen und Mitfühlenden die unappetitlichen Details und Verbalattacken – ihre Stimmen erheben, dann ist das, erstens, kein schöner Zug. Weil, zweitens, auf jemanden einzudreschen und zu spucken, der am Boden liegt, von einer extrem unsportlichen Einstellung zeugt. Aber drittens ist das auch ein Hinweis darauf, dass bei allem Rumgereite auf der Fairness, das es sogar in den Vorspann der täglichen WM-Berichterstattungen geschafft hat, die Zeiten offenbar immer noch härtere werden. Man kann es auch so auf den Begriff bringen: Wer die Fairness unablässig wie ein Mantra vor sich herträgt, der hat auch das offenbar bitter nötig.

Nachtrag zum Nachtrag: Auch das deutsche Nationalteam bräuchte jetzt ganz dringend einen Mutmacher. Und Jogi genaugenommen auch. Egal, wie er sich entscheidet. Weitermachen oder nicht. Eine Orientierungshilfe in Buchformat könnte so etwas wie eine Entscheidungshilfe sein. Meine Meinung. Und eine Integrationsfigur, die nicht spaltet, sondern eint, die bräuchte sie in praxi auch. Und in dem Zusammenhang noch ein kleiner Extra-Tipp: Exzessive Konkurrenz spaltet und kann sich wie Mehltau auf das Leistungsvermögen legen. Dieses kontraproduktive Ergebnis hört auf den Namen Versagensangst. Davon scheint das Team in der Summe betroffen zu sein. Der Druck sollte schleunigst vom Kessel genommen werden. Ansonsten … Gute Nacht, Marie.

28.

DITTSCHE

Nach dem gestrigen Schock und der schlaflosen Nacht jetzt aber mal wieder was Lustiges. Dittsche. Ein bekennender HSV-Fan. Weswegen er auch zwischen die Buchdeckel dieses Schmökers aufgenommen gehört. Übertragen gesprochen.

Jeder kennt ihn – nicht bloß im Norden der Republik –, und jeder liebt seinen saublöden Humor. Sein abgrundtief doofes Geschnacke in seiner Imbissbude. Seiner? Nee, is selbstredend nicht seine, auch wenn er sich so aufführt. Dittsche ist ein stinknormaler Erwerbsloser – vornehm ausgedrückt –, der massig Zeit hat, sich so seine ganz speziellen Gedanken zu machen. Der tagaus, tagein in seinem Hauptwohnsitz den Alleinunterhalter spielt. Wo er unentwegt Reden schwingt. Und keiner hört ihm zu. Lediglich die zwei, die immer da sind. Keiner mehr, keiner weniger. Bis auf, ab und an, ein paar special guests, die aber, wie ich finde, vernachlässigenswert sind. Sorry. Der altersweise Schweiger und Dauerschmunzler auf seinem Hochsitz. Die Rede ist von dem inzwischen leider verstorbenen Franz Jarnach, alias Schildkröte. Und der langhaarige Späthippie und stolze Imbissbudenbetreiber Ingo, alias Jon Flemming Olsen, der mit seinen zaghaften Einwürfen, sofern er sich nicht lieber gleich aufs bedeutungsvolle Schweigen verlegt, so was von chancenlos ist. Hält folglich, muss ich eigentlich nicht noch mal sagen, auch meistens den Part des Schweigers besetzt.

Noch ein Wort zu Ingos eigentlich immer gleichem Outfit. Klamottentechnisch legt er keinen Wert auf Abwechslung. Wie Dittsche. Nur ganz anders. Und er hat, laut Dittsche sein eigentliches Markenzeichen, eine »Ananasfrisur«. Kann man zusammen mit dem Schlaumeier auch »Nuck-Chorris-Frisur« zu sagen, womit, kleiner Tipp, ein beinharter amerikanischer Schauspieler auf B-Picture-Niveau gemeint ist.

Und noch ein weiteres Wort zu Schildkröte. Hat er mehr als verdient, der alte Schweiger mit dem teilnahmslos-wissenden Grinsen in seinem Till-Eulenspiegel-Gesicht. Schildkröte heet he, weil er stets dieselbe Jacke aus Krokodillederimitat getragen hat. Wortmeldungen? Tendenz null. Getränkekonsum während des endlosen und nervtötenden Geschnackes? Exakt ein Pils. Nur ganz zum Schluss läuft er für einen Satz zu Hochform auf: »Halt die Klappe, ich hab Feierabend!« Eine klare Ansage! Kurz, ein eingespieltes Team auf Kultniveau.

Eine brüllkomische Ausgangssituation. Einer verzapft unentwegt Weisheiten, die allesamt und ausnahmslos nur noch abwegig sind. Oder allenfalls, wenn man lange genug darüber nachdenkt, ein klitzekleines Körnchen Wahrheit enthalten. Sofern einem die Zeit dazu gelassen wird. Denn der vor dem Tresen schnackt ohne Punkt und Komma daher, sodass du ganz schnell das sprichwörtliche Geschwür am Ohr hast. Und er glaubt ganz fest daran, dass seine Weisheiten nicht bloß das Beste vom Allerbesten sind, sondern dass die Welt auf ihn, den Mann mit dem unbestechlichen Blick, gewartet hat. Und wenn nicht die Welt, dann jedenfalls die beiden Knaben, die er in der schnuckeligen Würstchenbude tagtäglich mit seiner sprachgewaltigen Gegenwart erfreut. Hat was von Don Quichoterie. Ein sich selbst ad absurdum führender Ernst. Hier allerdings nicht die tragische Variante, wie bei dem ollen Spanier, sondern die ungewollte Selbstverulkung des Biedermanns. Sozusagen der deutsche Michel mit der Zippelmütze und der unverwüstlichen Gewissheit, dass niemand sonst als er die Weisheit mit Löffeln gefressen hat. Oder vielleicht auch so: Der biedere Anarchist – so etwas wie ein Widerspruch in sich – gibt seinen immer wieder auch verschwörungstheoretisch gewürzten Senf zum Besten. All wedder een Tüffelachtein or Petott. Aber ein hochsympathischer! Und einer, der, das kommt der Situationskomik zugute, zu improvisieren versteht. Denn die Lachnummer kommt ohne Drehbuch aus. Das ganze Gerede ist ausnahmslos die Ad-hoc-Eingabe eines bei aller Unscheinbarkeit großen Pfiffikus! Denn Dittsche, den würde im realen Leben doch niemand auf der Straße wiedererkennen. Allenfalls an seinem obligatorischen blau-weiß gestreiften Bademantel, der Jogginghose und den Badelatschen, also den »Schumiletten«. … Weil er der typische Deutsche mit dem Allerweltsgesicht ist …

Also, das »wirklich wahre Leben«. Das ist schon mal im Titel ein Kalauer vom Feinsten. Ganz großer Sport. Ort der Stillstands-Handlung, ein erneuter Widerspruch in sich: die *Eppendorfer Grill-Station* im Eppendorfer Weg 172. Ja, die gibt es wirklich, und die heißt auch so. So gesehen doch das wahre Leben. Oder das wirkliche. Oder beides. Egal jetzt.

Der Bezug zum HSV ist allein schon dadurch gegeben, dass Dittsche, also Olli Dittrich, zu berichten weiß, dass er Zeiten erlebt habe, »in denen es ihm schlecht ging und er mit wenig Geld auskommen musste. Er empfinde ›eine große Nähe zu diesem Milieu der Gescheiterten‹.« Weil er die *Bild-Zeitung* hoch und runter kennt. Seine Lieblingslektüre. Deswegen ja weiter oben auch der Vermerk, dass es sich um so etwas wie den Durchschnittsdeutschen bei Dittsche handelt …

Einschränkung. Denn wie denkt Olli selbst über sich, also die Figur, die er so gekonnt in Szene setzt? Folgendermaßen. Es handelt sich um einen »klassische(n) Loser, der aber nicht unbedingt dumm sein muss. Ein Typ Mensch, wie er auch im wahren Leben vorkommt: Einerseits hat er völlig vergessen, zu pflegen, wer er ist, andererseits ist er durchaus intelligent. Sein soziales Umfeld findet Dittsche in einer Welt, in der sich die Gesprächspartner nicht wehren können.« Dat kanns mol seggen!

Ingo sieht Dittsche zur Tür hereinkommen. Kommentar: »Ahh, Chefvisite!« Dittsche repliziert: »Mahlzeit!« Dann findet die Übergabe der leeren Bierflaschen statt. Von wegen – Achtung, Klischee! – Arbeitsloser und so. Sind, worin auch sonst, in einer Aldi-Plastiktüte verstaut. Eignet sich umgekehrt auch als Stauraum für den Nachschub. Alles auf Anschreibbasis, versteht sich. Bar?! Keine Chance.

»Mach' mir mal 'nen Hobel klar.« Erster vollständiger Satz. »Das perlt aber heute wieder!« Fortsetzung.

Dann geht es an. Aktuelles aus Politik, Sport, Wissenschaft und Gesellschaft. Ganz egal was, Hauptsache aktuell. *Bild-Zeitung* eben. Und jede Menge Halbwissen. Abstruse Logik. Das sowieso. Und wüste Theorien. Je irrsinniger, nun umso besser.

Zwischenmenschliches. Weil er weiß, dass Ingo das gar nicht leiden kann, lässt er immer wieder mal, wie nebenbei, sein Bier »überperlen«. Motzt rum, dass es mit der Hygiene im Imbiss nicht zum Allerbesten bestellt sei. Aber Dittsche ist auch Erfinder und Experimentator. Ein ganz heller Kopf also mit einem

Draht zu intellektuell-wissenschaftlichem Tiefsinn. Deswegen weiß er auch, wie der Laden so richtig auf Vordermann zu bringen wäre. Dittsche, der Tausendsassa. Der, darum geht es die ganze Zeit, den Beweis mit allen nur erdenklichen Mitteln und entsprechend nervtötend erbringen will, dass er genau das nicht ist, was er ist. Ein Gescheiterter.

Und genau deswegen passt Dittsche zwischen diese beiden Buchdeckel, abzüglich des Gescheitertseins natürlich. Er steht für jemanden, der sich, allen Wechselfällen, die das Leben bereithält, zum Trotz, nicht unterkriegen lässt. Weswegen, nehme ich mal an, Olli Dittrich in seinem realen Leben sich beim HSV mental-emotional so gut aufgehoben fühlt.

29.

ALSTERWASSER

N Schlatt vun dat dore Alsterwater. Dat is een fien Gericht! Ich sag's mal so: Hamburg, wie bist du so schön. Und nehm euch alle mit auf einen Kurz-Trip durch meine Stadt. Nich in die Tourismusecken, die jeder kennt. Und wo sich die Massen mit gezückter Kamera auf den Füßen rumstehen. Nee, ich zeig euch Ecken des Tores zur Welt, die bloß die Einheimschen wirklich kennen. Das Spezifische dieser Stadt an den zwei Flüssen. Zwei? Quatsch mit Soße. Es sind deren drei. Aufklärung folgt. Gemach.

Es gibt diese Orte mit der ganz besonderen Aura. Und die dazugehörigen und passgenauen Namen. Ich werde euch jetzt alle mitnehmen zu den Fleeten, also an die Orte, die Hamburg zu dem machen, was es ist. Fleete, für alle, die es nicht wissen, sind Kanäle. Wasserverbindungsstraßen zwischen der Elbe und der Alster. Und … Allns klor, so wiet?!

Brooksfleet in der Speicherstadt. Hat selbst was von einem Schiff und erinnert mich an die Notre-Dame-Insel von Paris. Oder die Museumsinsel von Berlin. Links Wasser, rechts Wasser und mittenmang der weltgrößte Lagerhauskomplex. Also keine Kathedrale, keine Museen, sondern was Kaufmännisches, wofür Hamburg in seiner Historie und nicht nur in der letztlich steht. Roter Backstein prägt das Stadtbild. Das Ambiente ist auf Solidität getrimmt. – Auch das ein dezenter Wink für das, wofür mein HSV in naher Zukunft wieder stehen wird.

Noch kurz was Historisches. Wie versprochen und angekündigt. Denn da gibt es ja noch ein Flüsschen, dessen Name mich entzückt. Bille. Alster und Bille sind, wenn man es nicht ganz genau nimmt, so etwas wie ein Delta. Ihre beiden Mündungsarme ergießen sich jedenfalls in den Hauptstrom. Also die Elbe. Ursprünglich, ich sag's mal so, waren sie nichts weiter als Kloaken mit Stadtgrabencharakter. Aber im Lauf der Zeiten wurden sie dann an das angepasst und entsprechend umgerüstet, was für die Freie und Hansestadt Hamburg charakteristisch ist. Die Fleete, also die Mündungsarme, die Hamburg darüber hinaus was Lagunenstadtartiges geben, sind oder wurden zu Warenverkehrsadern.

Avers dor givt dat 'n lüttsches Problem. Ick sech nur een Wort: Tiede. Ebbe und Flut. Das Wasser kommt, das Wasser geht. Tag für Tag, Jahr um Jahr. Wat bleevt? Exactement: de dore Schlick, de bleevt. Un dat is Schiete, secht Fiete. Denn dadurch verstopfen die Fleete, und der Warenverkehr gerät ins Stocken.

Wat nu? Wat schallst moken? Wat is to doon? Der plietsche Hamburger weiß Rat. Fleetenkieker gucken nicht bloß. Nee, die packen mit an, und tragen Sorge, dass der schlickbedingte Wasserrückstau nicht überhandnimmt. Die Fleetenkieker sind also so etwas wie die Anti-Biber der Stadt. Dafür, dass es auf den Wasserverbindungsarmen flutscht einfach unverzichtbar.

Nikolaifleet an der Rückseite der Deichstraße. Trostbrücke. Was für ein stimmungsgeladener Name. Seufzerbrücke assoziiere ich damit. Auf den Seufzer aus Venedig folgt der Trost aus Hamburg. Also liegt auch in dieser emotionalen Hinsicht die 3-Flüsse-Stadt 'ne Nasenlänge vorn. Denn seufzen, das tut jeder in seinem Leben immer wieder einmal. Trösten aber, das kann nicht scheeder …

Was sind, bei der Gelegenheit, Schuten? Die Norddeutschen wissen so was. Und antworten: Schuten sind Schiffe ohne eigenen Antrieb. Werden geschoben oder gezogen. Was immer es zu transportieren gibt, das transportieren sie. Und wenn's so richtig eng wird auf den Fleeten, dann laufen sie zu Höchstform auf. Wie, ich komme immer wieder darauf zurück, mein HSV in der nächsten Spielzeit. Wir Hamburger sind eben alle von Natur aus auch Sturköppe. Nix gegen zu machen. Aufgeben? Nee, das kommt überhaupt nicht in die Tüte! Das kannst du voll vergessen.

Apropos und zurück zum Nikolaifleet. Was sagt ihr zu dem Namen Grimm? Wie sprechend. Wie vielsagend. Oder Cremon. Auch nicht schlecht. Krematorium bietet sich als Assoziation an.

Alsterfleet. Herrengrabenfleet. Wieder so ein Name, der die Fantasie anregt. Schaartorbrücke beim Alten Waisenhaus. Reesendamm. Bleichenfleet. Ich krieg die Krise. Gänsehautfeeling. Als ob's im Kasten des Gegners geklingelt hätte.

Ich kann mir nicht helfen, meine Stadt hat in all diesen Ecken und Winkeln was richtig Verwunschenes. Bis in die Namen hinein. Wie ein Zauberschloss. Unheimlich und voll von Spuk. Wohliges Gruseln. Mach die Lampen aus und verlier dich in der Welt der Kinder, in der alles neu ist und jeder Tag Überraschungen bereithält. Du musst gar nicht auf Abenteuer ausgehen. Sie kommen zu dir. Unverhofft und stets aus heiterem Himmel. Doch keine Bange, die Stadt gibt dir auch Geborgenheit und bietet Schutz.

Klosterfleet. Givt dat nich mehr. Zugeschüttet. Aber den Namen, den gibt es noch. Und ein Kloster ist traditionell ein Zufluchtsort bei drohendem Ungemach. Görttwiete. Auch die Weite hilft bei Hochgefahr. Nimm die Beine in die Hand und renn bis Brauerstraßenfleet am Hopfensack. – Sprechende Namen, die dir aus der Vergangenheit der Stadt zulächeln. Ist natürlich Quatsch mit Soße. Namen lächeln nicht. Menschen lächeln. Ab und an. Beispielsweise wenn der HSV gewinnt. Lächeln? Nee, dann wird gejubelt, gehalst und geküsst. – Trotzdem, mich lächelt etwas an, wenn ich all diese Namen in meinem Kopf Revue passieren lasse und immer, wenn es sich einrichten lässt, dem inneren Schweifen das äußere folgen lasse. Heißt, frohen Mutes meine Stadt durchwandere. Den Fleeten hinterher, denen, die waren, und denen, die sind. Und denen, die irgendwann, in grauer Zukunft, hoffentlich nicht gewesen sein werden.

Klingbergfleet. Längst zugeschüttet. Aus der Realität getilgt. Avers de Nom, de bleevt. Ist eingebrannt in mein Hirn. Dor bleevt jümmers wat torüch. Mann o Mann, nu holt mich meine ganz persönliche Vergangenheit direktemang ein. Das Nasse ist nah. Familienname mütterlicherseits. Also vonseiten meiner Oma. Gebürtje Königsberjerin. Klingenberg. Ruhe in Frieden! Ich denke auch an dich.

Elbe, Bille, Alster. Drei Flüsse unterschiedlicher Statur. Aber sie alle zusammen machen und haben Hamburg über die Jahrhunderte zu dem gemacht, was es bis heute geblieben ist. Eine Großstadt, die nicht aus erdrückenden Häuserschluchten besteht. Wo sich der Mensch bedeutungslos, verloren und eingekeilt fühlt und ist. Keine Skyline, dafür aber fast dörflich anmutende Kanäle, die nicht bloß die Innenstadt durchziehen wie Lebensadern. Sondern die, wenn man nur an sie und ihre so bedeutungsschwangeren Namen denkt, einem die Gewissheit geben, dass kein Anlass besteht, den Mut sinken zu lassen. Und wenn du dann noch, mien leever Besöker vun miene Sztadt, dich traust, 'n Schlatt Water vun de Alster to drinkn, dann spätestens beschleicht dich eine Ahnung, was es heißt, een Hamburger Jung or een Hamburger Deern to sien.

Beide nämlich sind der personifizierte Wagemut, die, es komme, was wolle, die Köpfe nicht in den Sand stecken, sondern sich den Gegebenheiten stellen und nach Lösungen suchen. Wie mein Verein und der neue auf der Trainerbank, der seit Kurzem im Volksparkstadion das Sagen hat.

Oder, das Ganze noch einmal auf Plattdütsch: Un sieht dat ut uck noch so slecht, dat löppt sick all'ns wedder trecht.

30.

I HAVE A DREAM

Die 23. Rafa van der Vaart. Mein kongenialer Mitspieler. Oder umgekehrt. Meine Mannschaft. All die Cracks aus der jüngeren Vergangenheit sind bei mir. Auf dem Platz. Und berennen das gegnerische Gehäuse. Sergej Barbarez. Paule Beinlich. Khalid Boulahrouz. Guy Demel. David Jarolím. Nigel de Jong. Mehdi Mahdavikia. Joris Mathijsen. Piotr Trochowski. Daniel Van Buyten. Frank Rost, der das Tor hütet. Eigentlich. Denn der Teufelskerl hat es längst verlassen. Der 12. Mann auf dem Rasen. Der andere bevölkert die Tribünen und schreit sich die Lunge aus dem Hals. Und steht wie eine Eins hinter uns. Wie es sein soll.

Sie alle sind da und mit von der Partie. Letzter Spieltag. Es geht gegen die Bayern. Die Meisterschale winkt. Aber dafür muss, ganz dringend, ein Tor her.

0:0. Die Nachspielzeit hat gerade begonnen. Noch fünf Minuten sind auf der Uhr. Schlussspurt. Mann und Maus nach vorne geworfen. Der Torhüter mittenmang. Volles Risiko. Alles oder nichts. Sekt oder Selters. Der Zweite ist der erste Verlierer.

Angriffswelle um Angriffswelle rollt auf das Gehäuse der Bayern zu. Sturmgebrus. Hier unten wie dort oben. Dor is miene Heimat, dor bin ick to Hus. Norddeutsches Liedgut. Hab ich auf den Lippen, während wir wie die Besessenen anrennen. Unaufhaltsam. Einer für alle, alle für einen.

Ja, wir sind eins. Ein Team. Zu allem entschlossen. Wirklich, zu allem. Den Willen seines Nebenmannes spürt jeder in sich. Reihum. Der und ich sind nicht mehr auseinanderzuhalten. Der Kreis ist geschlossen. Die nächste Angriffswelle rollt.

Ich führe das Leder am Fuß. Rafa hat es, Eleganz trägt seinen Namen, weitergeleitet. Ich höre ihn meinen Namen rufen. Williiii! Williiii! Mein bester Freund feuert mich an. Dass es mir gelinge. Jetzt oder nie.

Ich spüre eine ungeheure Kraft in mir aufsteigen. Ein Sog. Es zieht und zerrt und treibt mich nach vorn. Unaufhaltsam. Wer will mich jetzt noch stoppen?! Keine Chance.

Ich höre mich heulen. Ein einsamer Wolf. Die Meute hetzt mich. Das gibt mir Kraft. Nein, sie werden mich nicht einfangen. Ganz gewiss nicht. Denn ich habe das Ziel fest im Blick. Hole aus. Meine Muskeln sind angespannt wie nie. Ziehe mit rechts ab. Mein starker Fuß.

Ein Strich. Das Eck des Tores. Sie sind eins. Im Netz zappelt der Ball. Er will nicht fallen. Schwebt. Entschwebt. Und ich mit ihm. Das Stadion, vom Tosen eingehüllt, liegt klaftertief unter mir. O Leichtigkeit. O Wonne. O seliges Vergessen.

Wie wird mir – Leichte Wolken heben mich –
Der schwere Panzer wird zum Flügelkleide.
Hinauf – hinauf – Die Erde flieht zurück –
Kurz ist der Schmerz und ewig ist die Freude!

(Friedrich Schiller)

Im Weinen finde ich zu mir selbst und erwache. Die Welt hat mich wieder. Aber das Glücksgefühl, für meinen Verein den entscheidenden Treffer erzielt zu haben, das bleibt. Jedenfalls so lange, bis ich wieder selig eingeschlummert bin.

31.

JEKYLL VERSUS HYDE

Zu den handelnden, also sprechenden Personen. Jekyll, das bin ich. Und Hyde, das bin ich auch. Also so etwas wie ein Selbstgespräch. Aber da zu einem Gespräch immer zwei gehören, die nicht dieselben sind, präzisiere ich wie folgt: Jekyll, das ist mein besseres Ich, also Willi Michel. Hyde, das ist der Doktor, der es mehr mit der Ratio hält, und den zu begeistern keine ganz so leichte Übung ist. Deswegen gehört meine ganze Sympathie letztlich dem Doktor, auch wenn ich der Mister bin …

Alles klar so weit? Na, denn kann es ja losgehen mit dem Disput.

J.: Na, was sagst du jetzt? Der harte Kern der Mannschaft steht zusammen wie eine Eins. Is' doch super, nich'?!

H.: Wie, steht zusammen? Die haben sich doch bis auf die Knochen blamiert, die Luschen.

J.: So mein ich das ja auch nich'. Begriffsstutzig, oder was? Ich wollte darauf hinaus, dass die unseren Verein nicht verlassen. Capice?

H.: Unseren Verein … Gehört der dir etwa? Oder uns? Und überhaupt, wer soll das sein, das Kollektivsubjekt Unser?

J.: Was erzählst denn da für'n Scheiß? Immer alles kompliziert machen, bloß weil du dich für den Schlausten hältst. Das geht mir schon lange so was von auf den Sack.

H.: So was von … Lern Er erst mal richtig deutsch. Danach können wir weiterreden.

J.: Arrogantes A… Ach, Scheiß was drauf, ich lass mich doch von dir nicht provozieren … Was ich sagen wollte, war doch nur, dass die wirklich wichtigen Spieler dem Verein erhalten bleiben. Auch und selbst in der 2. Liga. So was nennt man Treue.

H.: Ja, Nibelungentreue. Die Deppen werden schon sehen, was sie davon haben. Deren Karriere ist so schnell zu Ende, wie sie begonnen hat.

J.: Nee, das glaub ich nich'. Weil, die fängt jetzt überhaupt erst so richtig an.

H.: Optimismus hat einen Namen, und der ist Selbstbetrug.

J.: Quatsch mit Soße. Das sagst du nur, weil du von Fußball und Psychologie nich' den Hauch einer Ahnung hast. Richtig weltfremd.

H.: Das sagt gerade der Richtige …

J.: Genau. Schalt doch mal dein Hirn ein. Is' doch sonst deine Domäne. Unter dem neuen Trainer finden die endlich zu sich selbst. Und wenn sie am Ende der kommenden Saison der 2. Liga ein für alle Mal Adieu gesagt haben, spätestens dann haben die, die an Bord geblieben sind, ihren zweiten Frühling. Die gehen ab wie Nachbars Katze. Dat sech ick ju.

H.: Lachhaft! Die verschwinden in den Niederungen der Zweitklassigkeit. Egal, wie der Trainer heißt und wofür er steht. Ich sage nur Heidenheim. Oder SV Sandhausen. Weißt du überhaupt, wo die Käffer liegen? – Lusche bleibt Lusche.

So ist das. Was gilt die Wette. – Und, ach ja, noch dies. Die müssen teuflisch aufpassen, nicht weiter durchgereicht zu werden. Ich sag nur: 3. Liga. Da können sie sich dann in den kommenden Jahren mit den Betzebuben rumärgern.

J.: Drittklassig?! Spinnst du? Mann, o Mann, du bist wirklich der absolute Null-Checker, für den ich dich ohnehin immer gehalten hab. Vom Fußball keine Ahnung, aber das Maul aufreißen. Find ich echt scheiße, Mann. Wer nix weiß, sollte lieber seine Fresse halten. Meine Meinung.

H.: Das sagt der Richtige. Ich wiederhole mich, ich weiß, aber du sitzt die ganze Zeit einem armseligen Selbstbetrug auf. Oder redest ihm das Wort. Bei dir ist ohnehin immer der Wunsch der Vater des Gedankens. Kann man auch Weltfremdheit zu sagen.

J.: Klar hab ich Wünsche, Mann. Du etwa nich'? Ich wünsche mir wie nichts sonst, dass mein HSV möglichst bald wieder zu dem wird, was er einmal war. Zu einem Spitzenclub, und zwar auf europäischer Ebene. So is' das, und keinen Deut anders.

H.: Meine Rede …

J.: Meine Rede, meine Rede. Überhebliches Arschloch.

H.: Nun werd hier mal nicht persönlich. Das ist mal wieder sooo typisch. Wenn dir die Argumente ausgehen, wirst du gewalttätig. Zumindest verbal. Kennt man ja irgendwoher …

J.: Was willst denn damit andeuten, he?

H.: Ach nichts. Geschenkt.

J.: Nee, immer raus mit der Sprache. Ich beiße auch nicht.

H.: Na gut. Schon mal was von Randale gehört?

J.: Du weißt ganz genau, dass auch ich Randale scheiße finde. Aber was du einfach nicht kapierst, das ist, ja also, wie soll ich sagen … Wenn du dich für etwas wirklich begeisterst, dann gehen eben manchmal auch emotional mit dir die Gäule durch. Zumal wenn man dir quer kommt.

H.: Genau …

J.: Wie, genau? Wie meinst' denn das jetzt schon wieder?

H.: Ganz einfach, dass die Gäule mit dir durchgehen. Hast es doch gerade eben selbst gesagt.

J.: Ja … Und? Was ist so schlimm daran, sich zu begeistern? Dein stocknüchternes Gelaber ist ja so was von öde.

H.: Mag sein. Aber dafür entspricht es der Faktenlage. Und die ist, das wirst selbst du nicht bestreiten, nicht wirklich rosig. Oder liege ich damit etwa falsch?

J.: Aber das versuche ich ja dir die ganze Zeit begreiflich zu machen. Dass da etwas im Wachsen begriffen ist. Dass der Zusammenhalt in der Mannschaft urplötzlich wieder da ist. Harmonie und Identität. Und weißt du was, all das fasst sich in einem Namen zusammen …

H.: Ja, ja, Titz. Ich weiß. Die Spatzen pfeifen es von den Dächern.

J.: Genau. Endlich hast du begriffen, worum es geht. Die Einstellung macht's.

H.: Das mag sich schon so verhalten, mein Lieber. Aber das heißt noch lange nicht, dass das Team, das in dem Sinne noch gar keines ist, das auch wirklich verinnerlicht hat. Das müssen die in der kommenden Saison erst einmal beweisen. Und zwar Woche für Woche. So ist das.

J.: Wie meinste denn das schon wieder, dass das Team in dem Sinne noch keins is'? Versteh ich nich'. Kanns dich mal präzise ausdrücken? Is' doch sonst deine Domäne.

H.: Mein Gott, bist du begriffsstutzig. Die Wechselgerüchte schießen ins Kraut, und du glaubst allen Ernstes, dass Pollersbeck, Sakai, Ito, Holtby, Santos und Hunt an der Elbe bleiben werden? Und womöglich der Arp. Ist das dein Ernst?

J.: Ja, zu hundert Pro. Da kanns einen drauf lassen. Die halten zu ihrem neuen Trainer. Weil der sie erkannt hat. Und jedem Einzelnen von ihnen klargemacht hat, was wirklich in ihnen steckt. Deswegen sprech ich doch die ganze Zeit vom Neuanfang bei meinem Verein. – Obwohl, mit Jann- Fiete Arp, da könntest du recht behalten. Da bin ich auch skeptisch. Muss ich zugeben. Weil die Bayern auf der Lauer liegen.

H.: Na siehst du. Bist eben doch lernfähig, Alterchen. Hut ab.

J.: Nu mach hier mal nich' wieder auf überheblich. Wo unser Schnack grade Spaß zu machen anfing.

H.: Tut mir leid. War nicht so gemeint. Und ist ja, wenn man es recht bedenkt, ein schöner Zug von dir, wenn du dir ein X für ein U vormachst, wenn es um deinen geliebten HSV geht. Hab ich letztlich vollstes Verständnis für.

J.: Nun tu mal nich' so abgeklärt. Ist ja schließlich auch dein Verein. – Also, natürlich nich' in dem Sinne – ich fang schon so an zu sprechen wie du – sondern eben in dem anderen.

H.: Dem anderen …?!

J.: Jo, in dem, dass du, du magst so abgeklärt tun, wie du willst, auch Woche für Woche mitleidest, mitgelitten hast und mitgelitten haben wirst. Deine Skepsis ist doch nichts weiter als ein Schutzschild, den du um dich herum aufgebaut hast, damit die Nackenschläge nicht so wehtun.

H.: Könntest du mit richtig liegen.

J.: Siehst du. Ich wusste doch immer, dass du ein weiches Herz hast. Die raue Schale … Alles nur Fassade.

H.: Psst! Nich' so laut. Spricht sich sonst rum. Und dann gelte ich in der Szene als Weichei. Dat mut nich sien.

J.: (flüstert) Kannst dich auf mich verlassen, mein Freund. Ich steh zu dir. Wie zu unserem Club mit der Raute. Der nie untergehen möge. Auch wenn er kurzfristig untergegangen ist.

H.: Seh ich exactement genauso.

J.: Ist ja eigentlich doppelt gemoppelt …

H.: Na und, wat wohr is, dat mut wohr bleevn. Meine Meinung.

J.: Schön, dass wir uns darin einig sind.

Der Leser hat es gemerkt? Zwei sind, auch verbal, wieder eins geworden. Wie es sich gehört. Allein der geistigen Hygiene wegen. Und einig sind sie sich beide letztlich und ohnehin, aller vermeintlichen Differenzen zum Trotz, darin, dass der HSV nach seinem kurzfristigen Niedergang schon wieder eine Zukunft hat. Und mehr sollte mit diesem Disput ja auch nicht in den denkerisch-emotionalen Raum gestellt werden.

32.

FRIEDHOF

Dor bleevt jümmers wat torüch. Kann's nich weeten. Auch wenn ich, da mach ich keinen Hehl draus, nicht wirklich zu den Strenggläubigen gehöre. Ich will nicht sagen, dass ich nur an meinen Verein glaube. Wäre gelogen. Aber an den HSV, an den glaube ich auch. Egal, was kommt. Wie an einiges andere mehr. Glauben? Nee, da hänge ich dran, wie an meinen beiden Mädchen. Also nicht in dem Sinne. Ist etwas unglücklich formuliert. Aber die mit dem Herzen am rechten Fleck, die verstehen mich. Und außerdem, das steht auf einem anderen Blatt und ist ein anderes Kapitel.

Man sollte immer auch die Zukunft fest im Blick haben und vorbereitet sein. Eine Maxime, die nicht bloß im Ballsport Gültigkeit besitzt. Nee, auch für das, was danach kommt – was immer das sei –, gilt es Vorsorge zu treffen. Einmal sowieso. Denn irgendwann erwischt es jeden von uns. Ausnahmen sind nicht im Angebot. Da kann die Kunst des Mediziners sich noch so sehr nach der wissenschaftlichen Decke strecken. Unsterblichkeit ist nicht im Angebot. Deit mie Leed.

Also, was kommt danach? Keine Ahnung. Weiß keiner eine Antwort drauf. Auch wenn sich immer wieder einmal ein paar ganz Verwegene ganz weit aus dem Fenster lehnen und, medial unterlegt, ihre Jenseitserfahrungen zum Besten geben. Tünkroms und Gedöns. Meine Meinung. Aber eine Resthoffnung, die will nicht weichen, wenn man an das große Danach denkt. Ereignislose Unendlichkeit hat für mich, ich kann mir nicht helfen, was Erschreckendes. Und weil das so ist, habe ich einen Entschluss gefasst.

Ich werde mich an traditionsträchtigem Ort zur letzten Ruhe begeben. Beziehungsweise mich betten lassen. Das Aktivum hat nach dem letzten Atemzug vermutlich seine Existenzgrundlage verloren. Damit es, womöglich und wenn alles gut läuft, nicht immer so still ist um mich herum. Nämlich an jedem zweiten Wochenende. Es sei denn, es ist mal wieder eine englische Woche angesagt. Oder Pokal auf nationaler oder, bestenfalls, internationaler Ebene. Dann hör ich es rauschen. Und das Rauschen, es kommt nicht von den Bäumen ... Nein, dann vernehme ich Beifallsstürme in meinem Grab.

Was ist die Identität der Verstorbenen? Dor bleevt nich veel. Ein Grabstein, Planten un Blomen. Ein Kreuz. Eine Grabinschrift. Das war's. Viel ist das nicht. Und das freundliche Angedenken derer, die zurückbleiben. Wenn's gut läuft.

Deswegen gilt es, Vorsorge zu treffen. Damit noch etwas mehr bleibt. Nämlich, über den Tod hinaus, die alte Verbundenheit mit meinem Verein. Treue kennt keine Zeit. Treue hat was von Ewigkeit. Auch wenn der, der die Treue gehalten hat, Jahr um Jahr nicht mehr ist. »Ihr kennt sie wohl, sie schwärmt durch alle Zonen – Ein Flügelschlag – und hinter uns Äonen!« As der olle Goethe seggen deit. In Bezug auf die Hoffnung, von der hier die Rede ist. Allerdings im nicht gerade hoffnungsvoll stimmenden Sinne. Hoffnungsloses Hoffen ... Auch so ein Widerspruch in sich. Weil das Hoffen die Zeit und damit das Vergehen nicht von den Hacken bekommt. Kann man auch »wie gewonnen, so zerronnen« zu sagen. Auch wenn ich mich dieser im innersten Kern pessimistischen Sichtweise verschließe. Für den Wirklichen Geheimen Rat aus Weimar gab es vermutlich, als er das niedergeschrieben hat, nicht mehr allzu viel zu hoffen. Ging schließlich bereits stramm auf die Siebzig zu. Ich jedenfalls halte es viel lieber mit der optimistischen, nämlich der Zukunft zugewandten Sichtweise eines Ernst Bloch. Und der war schließlich Spezialist in Fragen der soliden Zukunftszugewandtheit.

Deswegen: das HSV-Grabfeld. Gibt es auf den Tag genau seit dem 9. September 2008. Für Anhänger des Vereins. Also die Hartgesottenen und Unverwüstlichen, die mit den Rothosen immer durch dick und dünn gegangen sind. Das Areal, das sich in unmittelbarer Nachbarschaft der traditionsreichen Spielstätte befindet, hat die Form eines Fußballstadions. Tritt ein. Doch trittst du ein, dann durchschreitest du ein Tor. Welche Maße mag es haben? Die eines Fußballtores, selbstredend. Was denn sonst? Nur, was die Maße des Gottesackers betrifft, ist man ein wenig knauserig gewesen. Ist bloß so groß wie ein halbes Fußballfeld. Kleiner Trost und als Ausgleich: Auch Tribünen sind installiert, und das gesamte Feld ist mit originolem Stadionrasen ausgelegt. Kannst dir das historisch aufgeladene Grün von unten bekieken. So lange du willst. Denn die Nachspielzeit, die will und will kein Ende nehmen.

Mehr kannst du nicht verlangen für dein Geld. Die Atmosphäre ist auf kuschelig getrimmt. Wie es sein soll, wenn die Ewigkeit dir bevorsteht. Da muss auch dem nachvollziehbaren Wunsch nach einem möglichst andauernden Wohlgefühl entsprochen werden.

Wohlgefühl. Ich höre es rauschen. Wie ein Orkan. Er kommt näher. Von allen Seiten. Er hüllt mich ein, weich, wie ein Kissen. Wolkensanft. Gehoben. Getragen. Glück. Denn ich weiß im Moment des aufbrandenden Getöses, dass es niemand anders als all die Tausenden und Abertausenden Fans sind, deren unbeschreiblicher Jubel an mein Ohr dringt, wenn der Ball im gegnerischen Tor eingeschlagen ist. Und die Gesänge, ja, die höre ich auch. Engelsstimmen gleich. Verzückung bis in alle Ewigkeit, die nicht vergeht, dort unten im Dunkel der Grabesstätte meines HSV. In der der wahre Fan, sobald der Lebensfaden gerissen ist, seine letzte Ruhe gefunden haben wird. In der beglückenden Gewissheit, dass der Club mit der Raute uns alle überlebt.

33.

IDENTITÄT

Jeder Mensch hat und braucht eine Identität. Also das, was ihn zu diesem unverwechselbaren Besonderen und Einmaligen macht, das er, irgendwie, per se ist. Klingt wieder philosophisch-reflektiert und entsprechend ein wenig schwierig. Ist es aber nicht. Wenn man diese tiefe Einsicht, die eigentlich etwas ganz Banales zum Ausdruck bringt, auf den Fußballsport anwendet. Und zwar folgendermaßen.

Was ist und worin besteht der Erfolg einer Mannschaft? Die Ohren gespitzt, denn jetzt wird es, ganz zum Schluss, noch einmal ernst. Weil die Zukunft unseres Clubs davon abhängt.

Sie muss mit der Nille etwas anzufangen wissen. Jeder Spieler auf dem ihm vom Trainer angewiesenen Posten. Gewiss. Die Mannschaftsteile müssen wie geölt ineinanderpassen. Vom Torwart über die Abwehr und das Mittelfeld zum Sturm muss es flutschen. Auch das ist richtig. Hohe Laufbereitschaft ist im modernen Fußball eine unverzichtbare Voraussetzung für ein erfolgreiches Auftreten. Lass Ball und Gegner laufen, so lautet die Devise. Was natürlich voraussetzt, dass alle mit dem Ball etwas anzufangen wissen. Höchstes technisches Niveau, weil, der Ball muss dein Freund sein. Haben die Spanier mit ihrem ungerechterweise als TITICACA-Fußball abqualifizierten – hier verschaffte sich der Neid der fußballerisch Zukurzgekommenen Luft – Kurzpassspiel vor bummelig zehn Jahre aufs Tapet gebracht. Seitdem wird von allen möglichen Mannschaften verzweifelt versucht, diese Spielweise auf allerhöchstem Niveau nachzuahmen. Was nicht vielen gelingt, gelungen ist und gelungen sein wird. Ein Running Gag, I know.

Selbst die Spanier laufen mittlerweile ihrem eigenen früheren Spielprinzip vergeblich hinterher. Annäherungsweise der deutschen Nationalmannschaft ist der diesbezügliche Anschluss gelungen, als sie noch eine Mannschaft in *dem* Sinne gewesen ist … Auch das – was?! Schmunzel – stimmt und ist sonnenklar. Pressing. Sofortige Rückeroberung des Spielgeräts, nachdem man es auf der Höhe des Strafraums der gegnerischen Mannschaft verloren hat. Zweikampfstärke. Der zweite Ball. Alles Aspekte, die in die Rechnung mit mehreren Unbekannten, die in Wahrheit allseits Bekannte sind, mitaufzunehmen sind.

Was fehlt in der Aufzählung? Na? Genau, die Einstellung, die etwas mit der … Identität zu tun hat. Also mit dem, wofür die ganze Mannschaft und der Verein stehen. Was ihn im innersten Kern und Wesen ausmacht.

Ich sag's mal so. Dass der HSV über Jahre nicht zu Potte gekommen ist, hat, meines Erachtens, hauptsächlich damit zu tun, dass das Team keine Einheit ist, die zu sich selbst steht und mit sich im Reinen ist. Warum das so ist? Ganz einfach. Die Rothosen haben seit Martin Jols Zeiten nie wieder einen Trainer gehabt, der integrierend, beruhigend, sinnstiftend – ja, auch und vor allem das – auf seine Spieler eingewirkt hat. Der sie zu sich selbst hat finden lassen. Der ihnen eine Richtung vorgegeben hat, die als die Ihre einzusehen sie ganz schnell gelernt haben. Weil sie ihnen in der Summe aller Einzelteile eingeleuchtet hat. Oder kurz, die entscheidende

Integrationsfigur hat gefehlt, die, pars pro toto oder »Einer für alle«, für den gesamten Verein und sein Selbstverständnis gestanden hat.

Darum ist letztlich über die Jahre so ziemlich alles schiefgegangen, was überhaupt hat schiefgehen können. Ich will mich jetzt nicht über die Vorgängertrainer auslassen. Sorgt bloß für böses Blut und womöglich Prozesskosten. Muss nicht sein. Vom Stress, den das bedeutet, mal ganz abgesehen.

Nein, ich nenne jetzt mal ein paar Gegenbeispiele, die für sich selbst sprechen.

Julian Nagelsmann, der 31-jährige Jungspund von der TSG 1899 Hoffenheim. Hat den Club exakt am 11. Februar 2016 als Trainer in einer Situation übernommen, als alle Zeichen auf Abstieg standen. Was ist daraus geworden? Ein Spitzenverein der Bundesliga. Das ist daraus geworden. Der Youngster hat es in seiner Person in kürzester Zeit geschafft, aus einem desolaten Haufen von Einzelkönnern eine Mannschaft zu formen, die in all ihren Teilen funktioniert und zusammenpasst. Weil sie harmoniert. Und diese Harmonie, die nicht bloß im Ballsport unverzichtbar für den angestrebten Erfolg ist, hat einen Namen. Nagelsmann.

Dass der unscheinbare Erfolgstrainer in der übernächsten Saison die Bullen aus Leipzig trainieren wird, Glückwunsch dazu. Eine gute Wahl! Eine sehr gute Wahl! Des Integrations- und Identifikationsfaktors wegen. Für die Hoffenheimer ist das allerdings Scheiße. Da beißt die Maus keinen Faden ab.

Nächstes Beispiel. Die Breisgauer. Mit ihrer sprichwörtlichen Kontinuität. Innerhalb von 27 Jahren lediglich vier Trainer. Von Robin Dutt und dem ganz zu vernachlässigenden Marcus Sorg – er trainierte den Verein nur ein halbes Jährchen lang, sofern man das überhaupt als lang bezeichnen kann … – abgesehen, stehen für diesen Verein zwei Namen, die jeder, dessen Herz für den Fußballsport schlägt, kennt. Jedenfalls in Deutschland: Volker Finke und Christian Streich. Der eine der ruhig-besonnene Pädagogentypus – Finke war bis 1990, also bis kurz vor Antritt des Trainerpostens an der Dreisam, Studienrat für Sport, Gemeinschaftskunde und Geschichte an der Albert-Schweitzer-Schule in Nienburg/Weser. Das passt schon mal. Hat den Verein seines Herzens von 1991 bis 2007 (!!!!) trainiert. Da können die in Hamburg bloß von träumen. Der andere ist mehr so der Irrwisch-Typus und der ewig Ruhelose an der Seitenlinie, der immer wieder mal ausrastet. Seit 2011 sieht man ihn Spieltag für Spieltag innerhalb der Trainerzone auf und ab laufen. Geht ganz schön an die Kondition. Weil er mitfiebert. Und folglich, das ist entscheidend, für seine Jungs bedingungslos da ist. Und sie für ihn. Der sich immer vor seine Mannschaft stellt. Komme, was wolle. Vielleicht schwärmen seine Spieler deswegen auch so für ihn, weil er immer so liebenswert-schräge Interviews gibt. Wo man nie weiß, ob er den mit den dusseligen Fragen nicht in Wahrheit gerade nach Strich und Faden verarscht. Identität eben.

Nächstes und letztes Beispiel. Heynckes Jupp. Der Altersweise, der die Bayern nach einem, aus ihrer erfolgsverwöhnten Sicht, absolut verkorksten Saisonstart wieder zurück in die Erfolgsspur gebracht hat. Warum ist ihm dieses gelungen? Weil er, anders als sein Vorgänger aus Italien, der etwas behäbig wirkende Carlo Ancelotti, die Mannschaft wieder zu sich selbst geführt hat. Darum. Weil er, auf seine unverwechselbar kühl-schmunzelnde und immer auch ein wenig sympathisch-unsicher wirkende Art, die bayrische Integrationsvariante gewesen ist. Auch wenn, zum Ende der Saison, nicht alle Wünsche in Erfüllung gegangen sind …

In all diesen Fällen ist die Mannschaft, indem sie im Trainer zu sich selbst, also ihrer jeweiligen Identität, gefunden hat, zu sich selbst gekommen. Und spielte, im Rahmen der jeweils unterschiedlichen Umstände, erfolgreichen Fußball. Weil sie, ich mache es kurz, an sich geglaubt hat. Mit sich zu hundert Pro im Reinen war. Und jetzt kommt der uns alle froh stimmen sollende Schluss aus der beispielunterlegten Ableitung.

Der Neue, der Titz Krischan, der ist eben auch nachgewiesenermaßen ein solcher Identitätsstifter. Was sich allein darin zeigt, dass der harte Kern der Mannschaft zusammengeblieben ist. Mag sein, dass sich, außer Holtby vielleicht, darüber niemand wirklich Rechenschaft abgelegt hat. Aber ich bin mir sicher, insgeheim haben sie alle den Hauch einer Ahnung davon, dass unter diesem Lehrer ihr *Sport* wieder *ihr* Sport sein wird. Der blonde Midfielder hat es ja kurz und griffig vor laufender Kamera nach dem Auswärtssieg gegen die Wölfe auf den Begriff gebracht: »Wir spielen das erste Mal seit vier Jahren Fußball. Wir haben Ballbesitz, hohes Pressing. Das sind harte Töne, aber ich stehe dazu, weil es die Wahrheit ist.«

Ja, das ist sie. Und sie ist es deswegen, weil dem Club unseres Herzens jetzt jemand als Fußballlehrer vorsteht, der zu integrieren versteht und genau darin identitätsstiftend ist.

Und noch ein kleiner Nachschlag in der Argumentationskette: All die Spieler, die in den letzten Jahren beim HSV floppten und nach kürzerer oder längerer Zeit das Weite suchten, schlugen in der Fremde plötzlich ein und wurden zu Erfolgsgaranten. Beispiele gefällig? Bitte schön. Artjoms Rudņevs bei seinem Kurzzeitengagement bei den Hannoveranern. Der kleine Österreicher Michael Gregoritsch, der beim FC Augsburger einschlug wie eine Bombe. Traf in der letzten Saison, wie er wollte, also insgesamt 13-mal, während ihm beim HSV innerhalb von zwei Spielzeiten bei insgesamt 55 Einsätzen bloß schlappe zehn Treffer gelungen sind.

Weshalb? Weil beide in ihrem jeweils neuen Verein (auf Ausleihbasis) einen Club gefunden haben, der eine unverwechselbare Identität besitzt. Darum. Und die wird der HSV in der kommenden Saison und hoffentlich noch weit darüber hinaus auch wiedergewonnen haben, womit sich, Titz sei Dank, der Kreis zum Finale schließt.

Ehe ich's vergesse. Eine Prognose in der anderen Sache, die noch am Laufen ist. Also das internationale Kräftemessen der Nationalmannschaften. Aufgrund einer (oder mehrerer) taktischer Meisterleistung(en) wird die Équipe Tricolore unter dem Trainerfuchs Didier Deschamps mittlerweile den Fußballolymp erklommen haben. Was gilt die Wette?!

34.

WIR

Wir. Also der Fan. Der 12. Mann. Generisches Maskulinum. Da erübrigt sich jedes weitere Wort.

Nee, noch nicht ganz. Denn, wo Menschen singen, lass dich nieder … Ich finde, wir haben es nach all den Jahren des (Mit-) Leidens verdient, dass einer, also ich, am Ende noch ein Lied anstimmt. Ein Lied, das mal nicht von unserem Verein, sondern von uns selbst handelt.

Fangesänge

Die Raute im Herzen,
Ja, die tragen wir.
Wir kennen die Schmerzen,
Egal, wir sind hier.

Nichts wird uns vergällen,
Die Freude am Spiel.
Die Lieb' zu den Bällen,
Sie kostet nicht viel.

Drum seid frisch und munter,
Das Herz schlägt fidel.

Uns zieht nichts herunter,
Nee, nix mit Krakeel.

Wir lieben das Lachen,
Die Freude macht stark.
Kanns nix gegen machen,
Ick kööv mie ne Hark.

Dat Grön vun de Rasen,
Ward jümmers nich geel.
Dor laven de Hasen,
Un freeten uck veel.

Was das soll bedeuten,
Wull seggen ick ju.
Die Glocken sie läuten,
Wir siegen, juhu.

Was steht geschrieben? »Der Hamburger SV belegt seit der Eröffnung des Neubaus des Volksparkstadions ständig den vierten Rang bei den Zuschauerzahlen in der Bundesliga – mit Ausnahme der Saison 2004/05.«

Dass das auch in Zukunft so bleibt, also rein zuschaueranzahlmäßig ein neuer Rekord fest in den Blick genommen wird, dafür sind wir Fans da.

Tschüss, und man sieht sich. Zu Beginn der neuen Saison im Volksparkstadion. Gegen die Störche aus Kiel. Die vernascht werden. Oder die vernascht worden sein werden.

Aber für den Fall der Fälle, und man muss im Leben auf alles vorbereitet sein, denkt zusammen mit mir an die Worte meines alten Herrn, der, wenn es ganz finster aussah, wie ihr bereits wisst, das Folgende mit einem mein Herz ganz tief be- und anrührenden Schmunzeln zu Protokoll gegeben hat: »Un sieht dat ut uck noch so slecht, ick sech ju wat, mien Lever: dat löppt sick all'ns wedder trecht.« Hat mir immer über alles Schlimme, was im Leben ab und an passieren tut, hinweggeholfen. Weil es vor allem eines zu verhindern half: dass ich kopflos wurde und den Mut sinken ließ. Nee, das kommt überhaupt nicht in die Tüte und jetzt erst recht. Denn wenn das Nordderby aus unserer Sicht doch nicht den erwünschten Verlauf genommen haben sollte, dann holen unsere Jungs das eventuell Versäumte in Sandhausen nach. Da bin ich mir sicher. Zu hundert Pro! Spätestens dann wissen alle Vereine der 2. Liga, was in den nächsten Wochen und Monaten auf sie zukommen wird. Aus deren Sicht ... nichts Gutes.

Bange machen gilt nicht, sagt euch allen, euer Willi Michel.

AUF UNENTSCHIEDENREKORDJAGD UND IN EIGENER SACHE, DA MEIN HSV-MUTMACHBUCH NUNMEHR IN EINE ART ZWEITE RUNDE GEHT UND GEGANGEN IST. ODER: SCHNEE VON GESTERN

Bevor ihr, ihr lieben HSV-Begeisterten (generisches masculinum), in diesem vor dreieinhalb Jahren in Windeseile zu Papier gebrachten Buch zu schmökern anfangt, solltet ihr dieses momentan (!) aktuelle Schlusswort lesen. Falls nicht: Schadet nichts, da ihr nach beendeter Lektüre ohnehin zwangsläufig auf das Folgende mit der Nase stoßen werdet. Damit es zu keinen Missverständnissen kommt (gekommen sein wird), beziehungsweise dass ihr nicht mit falschen Hoffnungen an das hier Dargebotene aus dem „Es war einmal ..." herantretet (herangetreten sein werdet). Denn fürs Klugwerden ist es nie zu spät ...

Was das HSV-*Mutmachbuch* bietet und was nicht. Eine offenbar notwendige verspätete Klarstellung, schon gleich vor dem Hintergrund, dass sich auch in dieser vierten Saison der Zweitklassigkeit in Folge – mein Gott, *as de Tied löppt* – als ziemlich gesichert annehmen lässt, dass der Rauten- und unser Herzensclub erneut den Aufstieg verpassen, heißt, an seiner notorischen Nervenschwäche und seinen Versagensängsten scheitern wird. Was unter anderem daraus hervorgeht, dass das Team selbst dann, wenn es in Führung liegt, und das ist ja inzwischen fast die (un-)schöne Regel – klingt, zugegeben, ein wenig paradox –, kurz vor Abpfiff – das dicke Ende kommt, also doch keine Paradoxie, immer wieder zum Schluss oder kurz davor nach – den Ausgleich kassiert. Auch wenn, im Stadtderby von vor Kurzem, die Dinge auf den Kopf gestellt worden sind. Nach einem

Rückstand das Spiel zu drehen zeugt immerhin von mentaler Stärke, und auch, dass der Pokalfight bei den Geißböcken im Elfmeterschießen slapstickartig zugunsten des HSV ausgegangen ist, stimmt hoffnungsfroh. Zumal gestern die überhaupt bestmögliche Zulosung fürs Viertelfinale stattgefunden hat: im heimischen Volkspark gegen den alles andere als Furcht einflößenden KSC. Denn da war doch was?!

Ein Zwischen- oder Langzeit-Hoch? Wer weiß. Und genau darum geht es im Folgenden. Um das Nicht-wissen-Können.

Der HSV, *mein* Verein, so lange ich denken kann. Also leidet man mit oder ist euphorisch gestimmt, je nachdem. Zu meinem Buch … Momang, zunächst noch dies: Es ist ein Jammer, Woche für Woche mitansehen zu müssen, dass der aktuelle Trainer es einfach nicht schafft, seine Mannschaft von den Selbstzweifeln zu befreien. Liegen sie, wie zum Jahresausklang, gegen die Königsblauen, nach 45 Minuten mit 1:0 vorne, sollte man davon ausgehen dürfen, dass sie, in ihrem Wohnzimmer und nach ein, zwei Kontern, das Ding mit, sagen wir, 2:0 oder 3:0 nach Hause schaukeln. Pustekuchen. Ausgleich in der 86. Minute, nachdem die zwangsläufig sich bietenden Konter allesamt versiebt worden sind. Vielleicht kein kopfscheuer Hühnerhaufen, wie noch in den beiden zurückliegenden Rückrunden. Trotzdem, ganz tief in den Hinterköpfen der Spieler und des Trainers wuchert das Virus des Selbstzweifels, nicht wirklich an sich und seine Fähigkeiten zu glauben. Sicherheit? Auf seine Stärke vertrauen und permanenten Offensivgeist verströmen und auf den Platz tragen – und zwar von der ersten Sekunde an …?! Nee, nich dran zu denken. Kurz und schlecht: die spielerischen Voraussetzungen sind gegeben, genutzt und voll ausgeschöpft werden sie nicht. Abgesehen von den letzten zwei Spielen. Deswegen die bange Frage von oben nach der Langzeit- oder Kurzzeitwirkung.

Zu Beginn eines neuen Jahres hat der Mensch einen Wunsch frei. Ich habe deren zwei. Pierre-Michel Lasogga, der durchsetzungsfähige Torgarant und kindlich-unbedarft wirkende Haudrauf mit seinen gerade mal bummelig dreißig Lenzen auf dem Buckel, sprich, im besten Fußballeralter, muss schleunigst aus der katarischen Wüste zurück an die Elbe geholt werden! Weil von ihm wirkliche Torgefahr ausgeht, und zwar sowohl vun de Fööt as vun sien Dassel. Was bislang nicht geschehen ist und vermutlich auch nicht geschehen wird. Darüber hinaus, Wunsch Numero zwei: Krischan Titz sollte schleunigst re-engagiert werden, sofern er nicht, wofür ich Verständnis hätte, schmollt, weil er lieber den 1. FC Magdeburg in die Zweitklassigkeit führen möchte. Was er – schon gleich nach dem kampfstarken 2:1 gegen den Mitkonkurrenten aus Saarbrücken – zu hundert Pro schaffen wird! Mit aktuell 12 Punkten Vorsprung auf den Tabellenzweiten, also die Roten Teufel vom Betze, dürfte das Ding jetzt bereits geritzt sein.

Dass im vierten Jahr der Zweitklassigkeit (fast!) gar nichts darauf hindeutet, dass der Wiederaufstieg geschafft werden könnte, auch wenn der HSV aktuell nach 20 Spieltagen den 5. Tabellenplatz mit mageren 34 Pünktchen innehat, dafür kann ich nichts. Auch wenn das in den öffentlichen Medien immer mal wieder so schlankweg in den Raum gestellt wird. Gerade so, als ob ich der Trainer wäre und außerdem in die Zukunft schauen könnte. Deit mie Leed, avers, nee, dat is nich mien Metjee. Und dass sie den Titz Krischan geschasst haben, auch dafür bin ich nicht haftbar zu machen, und das war wirklich nicht vorherzusehen. Zumal ich alles andere als allein mit der

Einschätzung dastehe, dass das ein extrem gravierender Fehler der Vereinsführung gewesen ist. Abertausende von Fans sehen das bis heute genauso. Auch wenn gesagt werden muss, dass – leider! – auch Titz schief gewickelt war, als er vor dem Hinrundenkick zu Hause im Volkspark gegen den Jahn aus Regensburg davon ausgegangen ist, dass seine Mannschaft nach den vorausgegangenen Siegen in sich gefestigt sei. Weswegen er so etwas wie eine – in Teilen – zweite Mannschaft auf den Platz geschickt hat. Das hat sich bitter gerächt. Und das hat schlussendlich den Rausschmiss zur Folge gehabt.

Zur Sache also! Alle, die sich über diese spezielle Art der körperlichen Ertüchtigung den Kopf zerbrechen, müssten eigentlich wissen, dass ihre sorgenvollen oder hoffnungsfrohen, gleichviel, Gedanken, kaum dass sie gedacht worden sind, schwuppdiwupp, bereits wieder der bekannte Schnee von gestern sind oder sein können. – Zurzeit besonders schön zu studieren an olle Kohfeldt, der als Hoffnungsträger vor gar nicht langer Zeit bei den Wölfen aus Wolfsburg angeheuert hat, bzw. von den Vereinsbossen angeheuert wurde, und, nachdem er ein paar euphorisierende Siege eingefahren hatte, inzwischen mit seinem Team eine rekordverdächtige Niederlagenserie hingelegt hat. Zitatunterlegte Korrektur: »Der VfL Wolfsburg hat auch sein sechstes Bundesliga-Spiel in Serie verloren und damit einen Vereinsnegativrekord aufgestellt.«

Und dat heet klipp un klor: Florian wird aller Voraussicht nach in naher Zukunft erneut den steinigen Weg zum Jobcenter antreten müssen. Genauso wie der vermeintliche Hertha-Retter Tayfun Korkut, der, wie es momentan (!) ausschaut, das nicht wird einlösen können, wofür er an die Spree geholt worden ist: Aus der Alten Dame Hertha eine europäische Spitzenmannschaft – ich muss, Entschuldigung, weil ich mir die Klinsi-Assoziation nicht verkneifen kann, zugegebenermaßen schmunzeln – zu formen.

Sicher in dieser *krisensicheren* Branche ist also nur, dass absolut gar nichts sicher ist. Das ist meine fachmännische Antwort auf die nicht selten lümmelhaft-abfälligen Bemerkungen über meinen HSV-Schmöker, deren Tenor ist, dass meine mentale Aufbauhilfe – ein weltfremder Doktor der Philosophie maßt sich an, über Fußball mitzureden – absolut realitätsfremd ist. Weil, kaum dass das Buch erschienen war, Krischan Titz (die dritte) geschasst worden ist, obwohl ich mir *sicher* gewesen bin, dass diesem hochsympathischen Trainer beim HSV die Zukunft wie weiland Happel Ernst gehören würde. Pustekuchen. Und ärgerlich, weil Krischan beim 1. FC Magdeburg längst den Beweis angetreten hat und Woche um Woche den Beweis antritt, was für ein knorke Trainer und wirklich liebenswerter und besonnener Menschenfreund er ist. Den die HSV-Oberen weiland fahrlässigerweise, bloß weil seine Mannschaft ein paar Unentschieden in Serie produziert hat – was ihm damals nicht recht sein durfte, ist dem derzeitigen Übungsleiter mit seinen mittlerweile 10 (!) Unentschieden nach 20 (!) Spieltagen billig, oder was?! –, kurzentschlossen in die Wüste oder nach Essen zu den Rot-Weißen geschickt haben.

Also noch einmal: Schlechterdings jeder, der sich, wie fundiert auch immer, über diesen speziellen Breiten-Ballsport äußert, muss davon ausgehen, falsch gewickelt zu sein und, was haste, was kannste, von der Realität widerlegt zu werden. Dieses Recht nehme ich auch für mich in Anspruch. Folglich lautet der in eine rhetorische Frage gekleidete Beschluss: ein realitätsfremdes Buch? Ja, das ist und soll mein HSV-Mutmachbuch sein, weil ich nicht für den massenhaften Suizid an der Alster (mit-) verantwortlich gemacht werden wollte und will. Mein HSV-Schinken ist kein auf den Ballsport übertragener Werther …

Die Hauptintention war, aller Dauerwidrigkeiten zum Trotz, die, einmal mehr und vermutlich auf lange Sicht, in die Verlängerung gehen, für gute Laune zu sorgen. Dass der auf Leiden abonnierte Fan beim Schmökern für die Zeit des Schmökerns seinen Frust vergisst und lacht, auch wenn ihm in der Realität nur nach Heulen zumute ist. Kann man auch Galgenhumor zu sagen. Es geht ganz ausdrücklich nicht darum, prognostisch tätig zu werden, was (siehe oben) im Bereich dieser immer wieder auch beinharten sportlichen Betätigung ohnehin ein Ding der Unmöglichkeit ist. Der heute noch gefeierte und über den grünen Klee gelobte Trainingsleiter ist morgen bereits der hinterletzte Versager … Auch wenn es mir immer wieder eine Freude gewesen ist, mit den Tempora zu spielen, also mich quasi als Seher, für den das Kommende das bereits Gewesene ist, zu betätigen …

Ein letztes Mal und klipp und klar: Angepeilt war nie so etwas wie eine Prophezeiung, dass es schnurstracks bergauf gehen würde. Ich bin kein Prophet. Überflüssig zu sagen. Die Absicht war vielmehr, ein Buch über den Rauten- und Herzensclub – egal was kommt! – so zu schreiben, dass, des Humorigen und Gaudihaften wegen, der gestresste Fan während der Lektüre für die Zeit der Lektüre den nervenaufreibenden Wahnsinn, immer wieder unvorhergesehene Niederlagen oder vermaledeite Unentschieden auf der Zielgeraden verdauen zu müssen, vergisst. Also für einen überschaubaren Zeitraum Tränen der Freude lacht, auch wenn ihm gerade nur noch nach Heulen, also Tränen der Trauer, zumute ist. Also kurz: humorvoll-aufmunternder Trost soll gespendet werden. Das HSV-Mutmachbuch: ein freilich auf die Zeit der Lektüre begrenzter Sorgentod ... Nicht mehr, nicht weniger!

Und schließlich noch dies: All das hier über die aktuelle (!) Situation Vermerkte ist, weil es sich auf das gerade (!) Aktuelle bezieht, morgen schon wieder das Vergangene und längst Überholte. Wer weiß oder kann wissen, wie das kommende Sonntagsauswärtsspiel gegen die Lilien aus Darmstadt, also den aktuellen (!) Tabellenführer, ausgehen wird? Hoffen und beten? Ja! Wissen? Ein klares Nein! Und übrigens, wüsste man immer schon im Voraus, was die Zukunft im Angebot haben (= gehabt haben!) wird, dann wäre schlechterdings alles bloß noch fad und abgestanden, und zwar noch bevor es überhaupt passiert ist. Weil es das Danach genau genommen überhaupt nicht mehr gäbe. Man/frau kann gut und gern darauf verzichten. Gerade das Nichtwissen macht das Leben lebenswert, weil spannend. Das gilt auch für die sportliche Betätigung, der unsere Anteilnahme und Leidenschaft aus der Perspektive des Woche für Woche mitfiebernden Zuschauers gilt.

Ein Autor, der das nicht mitreflektiert, oder dem dieses generelle Handicap von seinen Lesern nicht zugestanden wird, hat entweder das Entscheidende in sein Schreiben nicht miteinbezogen, oder er trifft zu seinem Pech auf Leser, die nicht verstanden haben, dass Aktualität als Aktualität prinzipiell eine vergängliche ist. Und dass das Morgen allenthalben erfreuliche oder weniger erfreuliche Überraschungen bereithält. Gestern war heute morgen. Nur umgekehrt: Morgen wird heute gestern gewesen sein.

FRANK-PETER HANSEN, Jahrgang 1956, ist promovierter Philosoph. Literarisch hat er über die Jahrzehnte alles Mögliche ausprobiert. Die CD-ROM Philosophie von Platon bis Nietzsche geht auch auf sein Konto. Die Scheibe ist der Notanker für all jene, die sich die zeitraubenden Gänge in die Bibliotheken ersparen wollen. Zum Beginn der Abstiegs-Saison – Achtung: Ironie! – ist von ihm unter dem Pseudonym Willi Michel der ultimative Muntermacher *Versenkt. HSV-Momente* bei Königshausen & Neumann erschienen.

Frank-Peter Hansen
DAS HSV-MUTMACHBUCH
34 Gründe, warum es mit dem HSV wieder bergauf geht

ISBN 978-3-86265-739-1
Vermittlung: Literaturagentur Brinkmann, München |

VERLAG
Schwarzkopf & Schwarzkopf Verlag GmbH
Kastanienallee 32, 10435 Berlin
Telefon: 030 – 44 33 63 00
Fax: 030 – 44 33 63 044

INTERNET | E-MAIL
www.schwarzkopf-schwarzkopf.de
www.facebook.com/schwarzkopfverlag
info@schwarzkopf-schwarzkopf.de